※西南民族大学中央高校基本科研业务费专项资金资助　项目编号

U0687682

口译维度
互动机制研究

杨科　姚嘉　洪叶◎著

新 华 出 版 社

图书在版编目（CIP）数据

口译维度互动机制研究/杨科,姚嘉,洪叶著.--
北京:新华出版社,2024.3
ISBN 978-7-5166-7339-3

I.①口... I.①杨...②姚..③洪...II.①口译-
研究IV.1HO59

中国国家版本馆CIP数据核字(2024)第058644号

口译维度互动机制研究

作　　者：杨科　姚嘉　洪叶

责任编辑：蒋小云　　　　　　　　封面设计：陈　城　龙承文化 Longcheng wenhua

出版发行：新华出版社
地　　址：北京市石景山区京原路8号　邮　　编：100040
网　　址：http://www.xinhuapub.com
经　　销：新华书店
　　　　　新华出版社天猫旗舰店、京东旗舰店及各大网店
购书热线：010-63077122　　　　中国新闻书店购书热线：010-63072012

照　　排：成都市龙承文化传播有限公司
印　　刷：三河市华东印刷有限公司

成品尺寸：180mm×260mm　　1/16
印　　张：12.25　　　　　　　字　　数：200千字
版　　次：2024年5月第一版　　印　　次：2024年5月第一次印刷

书　　号：ISBN 978-7-5166-7339-3
定　　价：68.00元

前　言

　　随着全球化和多元化趋势的不断发展,国际交流与合作越来越频繁。在这种背景下,口译作为语言和文化交流的桥梁,扮演着越发重要的角色。口译领域在过去几十年间取得了显著的进步,但也面临着一系列挑战。本书将探讨口译领域的发展历程和现状,并分析当前面临的挑战和未来发展趋势,旨在为口译行业和相关领域的从业者提供有益的参考。

　　口译作为一种社会现象,有着悠久的历史。从古至今,口译员一直活跃在政治、经济、文化等各个领域。从最早的口译员《荷马史诗》中的荷马,到中世纪的教皇口译员,再到近现代的外交、商务和科技口译,口译的发展历程丰富多彩。随着全球化的不断深入,现代口译已经发展成为一种高度专业化和职业化的行业。

　　口译员是口译的核心和灵魂。优秀的口译员需要具备扎实的双语基础、广泛的知识储备和出色的临场应变能力。在招募和培养口译员时,需要注重语言技能、专业知识、心理素质和职业道德等方面。同时,针对不同的应用领域,如商务、政治、科技、医学等,口译员还需要不断学习和积累相关领域的专业知识和术语。另外,口译员文化中介的角色日益凸显。他们是不同语言和文化之间的桥梁,不仅需要理解和传递不同语言之间的信息,还需要理解和解构源语言的文化信息,然后以目标语言重新构造和表达这些信息。在这个过程中,口译员需要处理的问题涉及文化、认知和跨文化等多个维度,远超过简单的语言转换。这些维度相互作用、相互影响,构成了口译的复杂性和多元性。因此,口译员作为文化传播者,在推动交流和理解方面发挥着至关重要的作用。

　　随着科技的进步,口译技术也得到了迅猛发展。现代口译技术包括语音识别、机器翻译、语音合成等,为口译行业带来了革命性的变革。一方面,这些技术可以提高口译的效率和准确性;另一方面,这些技术也可以为口译员提供更好的辅助工具,提高他们的工作效率。然而,目前的口译技术还存在一些局限性,如语言覆盖范围、语境理解等问题,需要进一步研究和改进。

在几位作者多年的实践中，我们发现顺句驱动技巧在交、同传口译中具有重要的作用。这种技巧能够帮助口译员更好地处理源语言的句子结构，在保证准确翻译的同时，更好地保留源语言的语篇连贯性和表达方式。

具体来说，顺句驱动技巧强调按照源语言的原本顺序来翻译句子结构，这样有助于提高译文的流畅度和准确性。在口译过程中，这种技巧能够帮助口译员更好地处理源语言的语法和词汇，避免出现误解或者表达不清的情况。

此外，顺句驱动技巧还有助于保留源语言的文化和语义信息。由于不同语言的表达方式和文化背景存在差异，口译员需要准确理解源语言的文化背景和用词意图，并运用顺句驱动技巧将这些信息准确地在目标语言中进行表达，从而保证翻译的准确性和有效性。

综上所述，顺句驱动技巧在交、同传口译中具有重要的作用，能够帮助口译员更好地处理源语言的句子结构、语法和词汇，保留源语言的语篇连贯性和表达方式，同时有助于提高译文的流畅度和准确性。

从顺句驱动技巧的视角来看，口译的复杂性主要体现在其语言、文化、认知和跨文化等维度的相互作用上。

首先，语言维度是口译的基础，它涉及源语言和目标语的双语基础知识，如词汇、语法等。此外，语言维度还包含了对两种语言的文化背景和表达习惯的理解，这需要口译员具备丰富的文化知识和敏锐的语境理解能力。在这个过程中，口译员不仅需要具备两种语言的扎实基础，还需具备能快速进行知识迁移和应用的能力，以便在有限的时间内准确地传达信息。

其次，文化维度在口译中占据着不可或缺的地位，它涉及对源语言和目标语言的文化差异的理解和处理。这种理解并不仅仅是词汇层面的，更包括句法、语篇连贯性乃至思维模式的差异。在顺句驱动技巧的应用中，口译员需要对两种文化的背景和表达习惯有深刻的理解，从而更好地把握源语言的语篇连贯性和表达方式。这样做不仅有助于准确传递源语言的信息，还能让目标语言的受众更好地理解和接受这些信息。

再次，认知维度是口译过程中的一个关键因素，它涉及口译员的记忆、理解、分析和表达等认知过程。在顺句驱动技巧的应用中，口译员需要灵活运用其认知能力，对源语言的句子结构进行快速、准确地分析和处理，并将其翻译成目标语言。这个过程中涉及的认知过程不仅包括对语言的理解和记忆，还包括分析和表达等高阶思维能力。

最后，跨文化维度是口译过程中的一个重要因素。在跨文化交流中，不同的文化背景和表达习惯往往会给口译带来一定的挑战。因此，口译员需要对源语言的文化背景和表达方式有深刻的理解，并将其与目标语言的文化背景和表达习惯进行对比和分析。这样，在翻译过程中，口译员就能够更好地处理文化差异带来的挑战，从而更准确地传达源语言的信息。

总的来说，口译的多元性体现在其语言、文化、认知和跨文化等多个维度的相互交织和影响上，而顺句驱动技巧是一种有效应对这种多元性和复杂性挑战的重要策略。

本书将带您深入探索顺句驱动技巧在口译中的应用，并分析其如何影响口译的多元维度。首先，我们将详细解析顺句驱动技巧的内涵和应用，了解其如何帮助口译员更好地应对源语言信息的理解和传递。其次，我们会通过实际的案例来深入探讨顺句驱动技巧在同传口译和交替传译中的应用，以及它如何与口译的核心维度进行互动。

我们将从具体的语料库中提取相关数据，为您详细解析顺句驱动技巧在各种口译情境中的应用。同时，我们还将利用实证研究方法，通过分析和验证我们的假设，为您提供最可靠、最准确的研究结果。

本书的成果不仅可以为口译员提供实用的参考和指导，还可以为翻译研究者和语言学家提供新的视角和思路。通过理解和掌握顺句驱动技巧，口译员将能够更好地处理源语言和目标语言的转换，更准确地传递信息，提高交流的效率。同时，本书或许也将激发翻译研究者和语言学家对于口译领域的新的思考和研究兴趣。

本书的研究目标是深入探讨顺句驱动技巧在口译核心维度中的互动机制，旨在为口译员提供更具实效性的翻译策略和方法，同时为翻译研究者和语言学家带来全新的研究视角和工具。我们通过对真实语料的分析和大规模的实证研究，深入探索了顺句驱动技巧在口译中的应用及其影响因素，并针对此问题构建了系统的理论框架和研究方法。

我们的研究方法包括语料库分析、实证研究和对比分析等，这些方法使我们能够全面、客观地探究顺句驱动技巧在口译中的应用情况，并深入挖掘其内在机制和影响因素。通过这些研究方法，我们得出了以下主要研究成果：

1. 确定了顺句驱动技巧在口译中的重要性和实效性。我们发现该技巧能够帮助口译员在有限的时间内准确理解源语言信息，并将其有效地传递到目标语言中，从而提高了口译的准确性和效率。

2. 分析了顺句驱动技巧与口译核心维度的关系。我们发现该技巧不仅涉及语言层面的处理，还涉及文化、认知和跨文化等多个维度的处理。因此，顺句驱动技巧的应用能够有效地提高口译质量，促进跨文化交流。

3. 完善了口译领域的研究方法和工具。我们的研究方法不仅包括传统的语言学和翻译学方法，还引入了计算语言学和语料库语言学等新的研究工具和方法，为口译领域的研究提供了新的思路和方法论。

4. 为推动全球化和跨文化交流提供了有力支持。我们的研究成果将为口译员、翻译研究者和语言学家提供实用的参考和指导，从而有助于推动全球化和跨文化交流的进一步发展。

我们希望这些研究成果能够为口译领域的发展和完善作出贡献，并为推动全球化和跨文化交流提供一份力量。

口译领域尽管取得了显著的进步，但仍然面临着许多挑战。

首先，语言交流是口译过程中的障碍之一。不同的语言存在语音、语法、词汇等方面的差异，口译员需要在短时间内准确理解和传达源语言的信息，并用地道的目标语言进行表达。这要求口译员具备高度的语言素养和跨文化交流能力。

其次，口音也是口译过程中不容忽视的问题。不同地区和民族之间存在口音差异，这可能导致口译员在听取和理解源语言时出现困惑和错误。为了减少口音带来的影响，口译员需要不断学习和熟悉各种口音，以便更好地适应不同场合的需求。

最后，记忆和笔记也是口译过程中需要克服的难点。在短时间内记住大量的信息并对其进行有效整理和输出，需要出色的记忆力和良好的笔记技巧。为了提高记忆和笔记能力，口译员需要通过不断训练和实践来积累经验。

展望未来，口译领域将朝着以下几个方向发展：

1. 多元化和专业化：随着全球交流的不断深入，口译领域将呈现出多元化和专业化的趋势。不同领域和专业的口译需求将不断增加，这要求口译员具备更广泛的专业知识和实践经验。

2. 技术创新：随着人工智能和机器学习技术的不断发展，未来的口译技术将更加智能化和高效化。语音识别、机器翻译和语音合成等技术将成为常态，进一步提高口译的准确性和效率。

3. 团队合作：在复杂的交流环境中，单打独斗的口译员将难以满足需求。未来的口译将更加注重团队合作，不同专业领域的口译员将携手合作，共同完成复杂的翻译任务。

4. 评估与标准：随着口译领域的不断发展和壮大，对于口译员的评估将越来越重要。未来的口译行业将建立健全的评估机制和标准体系，以保证口译员的专业素质和工作质量。

由于时间仓促，加之我们水平有限，因此书中难免存在不妥之处。我们诚挚地邀请各位学者、同仁和读者在阅读和使用本书的过程中不吝赐教，提出宝贵的意见和建议。让我们共同推动口译领域的发展向前迈进。

本书为三峡大学 2023 年创新创业教育改革研究项目（项目编号：C202306），由第二作者姚嘉主持口译课程思政创新教育研究。

编者按
2024 年 4 月

目　录

第一章　口译基础

第一节　口译的定义与历史演变 ·······················001

第二节　口译的标准与特点 ·······················003

第三节　口译的模式和过程 ·······················006

第四节　口译中的语言技能与交际策略 ·······················009

第二章　认知理论与口译

第一节　认知理论概述 ·······················015

第二节　认知负荷与口译 ·······················017

第三节　信息选择与加工 ·······················018

第四节　决策过程 ·······················020

第五节　语言表达与表达策略 ·······················022

第六节　认知理论在口译中的应用案例 ·······················024

第三章　同声传译

第一节　同声传译口译概述 ·······················028

第二节　同声传译译员的素质要求与技能训练 ·······················029

第三节　同声传译记忆认知 ·······················039

第四节　同声传译过程认知 ·······················052

第四章　交替传译

第一节　交替传译概述 ·······················055

第二节　交替传译译员素质 ·······················059

第三节　交替传译记忆认知…………………………………………061

第四节　交替传译过程认知…………………………………………067

第五节　交替传译口译焦虑认知……………………………………069

第六节　交替传译认知负荷压力的应对……………………………074

第五章　互动研究方法

第一节　口译互动的重要性…………………………………………080

第二节　互动研究方法的选择与设计………………………………082

第三节　数据收集与分析……………………………………………085

第四节　借助技术的研究工具………………………………………088

第六章　顺句驱动视角下的口译核心维度互动机制

第一节　顺句驱动视角的概述………………………………………092

第二节　口译核心维度………………………………………………093

第三节　互动机制的概念……………………………………………094

第四节　信息流与互动………………………………………………095

第五节　互动机制与口译核心维度的关系…………………………096

第六节　互动机制的培训与提高……………………………………097

第七章　顺句驱动的应用

第一节　顺句驱动在同声传译中的应用……………………………100

第二节　顺句驱动在交替传译中的应用……………………………101

第三节　顺句驱动在不同口译场景中的应用………………………103

第四节　顺句驱动与口译笔记法的有机耦合………………………106

第五节　顺句驱动与视译技巧………………………………………107

第六节　顺句驱动视角下的案例分析………………………………109

第八章　口译语料库

第一节　语料库………………………………………………………112

第二节　多模态语料库………………………………………………119

第三节　语料库翻译学………………………………………………124

第四节　语料库翻译学研究···128

第五节　基于语料库的翻译研究···138

第六节　语料库的建立与使用···144

第九章　多模态语料库视角下
口译技能维度互动机制

第一节　多模态语料库口译研究的现状··153

第二节　多模态语料库口译研究的复合设计···································155

第三节　多模态语料库口译研究的主题分析···································162

第四节　多模态语料库口译多类型统计方法的综合应用················167

第五节　多模态语料库口译研究的客观评价···································171

第十章　教育与培训

第一节　口译培训的需求与挑战···176

第二节　顺句驱动视角的教育方法··177

第三节　口译教育的未来展望···179

参考文献··182

第一章　口译基础

第一节　口译的定义与历史演变

一、口译的定义

口译是一种独特的语言转化过程，旨在将源语言的信息通过口述的方式，准确且迅速地转化为目标语言，从而实现不同语言用户间的有效交流。从这个角度来看，口译不仅是人类交际行为的一种重要形式，也是跨文化、跨民族、跨语言交流的关键工具。

口译活动并非单纯的语言转换过程，它涉及的远不止语言的简单转换。在口译过程中，译员需要理解和解释源语言中的信息，然后在目标语言中以适当的方式重新表达这些信息。因此，口译活动也是一种涉及信息理解、记忆、分析和再表达的复杂认知过程。

人类的口译活动并不仅是语言活动，它也涉及文化、心理和社交等多个层面。在口译过程中，译员需要理解和适应不同的文化背景和语境，需要分析和处理复杂的语言和非语言信息，还需要与各方进行有效沟通，确保信息的准确传递。因此，从这个角度看，口译不仅是一种语言活动，更是一种高强度的认知和社交活动。

从事口译工作的人通常被称为"译员"。在专业领域，我们通常将那些以口译为职业的人称为"职业译员"。此外，还存在诸如兼职翻译和自由翻译等角色。自由翻译通常独立地承担各类口译项目，他们可能有一些常客，但不会隶属于任何官方的翻译机构。对于那些只偶尔做些简单紧急口译的人，我们并不认定他们为实际的翻译员。

一个合格的职业译员需要具备一些基本的条件。首先，其必须掌握两种或两种以上的语言知识，并具备流利使用这些语言的能力，然而，仅仅具备双语知识和语言能力的人并不一定能成为优秀的译员。一个真正优秀的译员还需要经过系统的训练和大量的实践经验积累，才能熟练掌握口译的各种知识和技能。此外，他们还需要具备良好的心理素质、深厚的文化素养和出色的沟通技巧。因此，虽然掌握双语知识和语言能力是成为一名合格译员的必要条件，但这并不意味着所有具备双语能力的人都能成为优秀的译员。这就像一个能流利说两种语言的人并不一定能成为一位优秀的英语教师一样。

总的来说，口译是一种复杂的语言转换过程，它要求译员具备深厚的双语知识、高超的语言运用能力以及丰富的专业训练和实践经验。因此，尽管双语人不一定是合格的译员，但那些经过系统训练并具有丰富实践经验的双语人则有可能成为出色的译员。

二、口译的历史演变

1. 起始阶段：口译的出现可以追溯到人类开始使用不同语言进行沟通的时候。在原始社会中部落群落的互动，以及古代各个区域和不同民族的商业、文化和技术交流都依赖于口译。

2. 初期进展：口译的发展得益于文明的进步，各宗教传播以及东西方文明的互动交流，还有人类频繁的环球游历和移民活动都推动了口译的蓬勃发展。

3. 迅速崛起：自从 20 世纪开始，由于多个国际组织的建立，不同国家之间的交流越来越密切，口译的重要性也在日益提高。尤其是在第一次世界大战结束后，1919 年的"巴黎和会"中首次运用了同声传译，这标志着口译历史的重大创新。

4. 架构的形成：联合国及其各个专业机构在第二次世界大战后成立，全球和区域性的政策和经济贸易组织数目的增加，极大地加强了国与国的交流互动。一些专门对国际会议高阶口译者进行培训的翻译学院在美国、德国、瑞士和法国建立。1953 年，"国际会议口译员协会"的设立确认了口译员在社会中的地位。口译作为一种语言艺术开始受到关注，成为一个被人羡慕和向往的崇高职业。

5.21 世纪的挑战与发展：新世纪是全球一体化的时期，以知识经济和信息革命为主要特征。在这个时代，口译人员将继续在不同国家之间、地区之间、团体之间以及个人之间的政治、军事、经济、文化、教育、科技、卫生和体育等领域的交流和合作中发挥核心作用。

总的来说，口译的历史演变与人类社会的历史演变密切相关，随着文明的发展和科技的进步，口译也将会在未来继续发挥重要的作用。

第二节　口译的标准与特点

一、口译的标准

衡量口译的质量有两个基本的标准：准确性和流利性。

自从严复提出翻译的"信""达""雅"三个标准以来，翻译界虽然对这三个标准的解释各有不同，但大部分学者对这些标准都是肯定的。尽管在翻译中实现"信""达"和"雅"很理想，但实际上，翻译并非复制艺术，很难同时满足这三个标准。由于文化差异，语言翻译很难保持文本的原始风味和形态，因此，"信""达"和"雅"的实现是有条件的。有时我们可能能保证"信"，但并不一定能保证翻译的"达"和"雅"。这就引发了关于"信""达""雅"这三个标准的优先级的争议。直到今天，这种争议还在继续，主要是关于翻译应该以"字面翻译"还是"意境翻译"为主的问题。

"Fidelity" "Expressiveness",and "Elegance" as the three standards for assessing the quality of written translations,comprise an interdependent whole; none can be deemed less significant. There is no point arguing which is more important, "literal translation" or "free translation". A superior translation should faithfully mirror the content and form of the original text, and this should be perceptible and comprehensible to the readers of the translated text. The content, spirit, and style of the translation should not be compromised, and it should essentially achieve "Fidelity" "Expressiveness", and "Elegance". Any deliberate emphasis on literal or free translation, or a one-sided pursuit of one of the three criteria of "Fidelity" "Expressiveness" and "Elegance" should not be considered a genuine translation, but rather a "modified translation" or a "compiled translation".

口译采用笔译的"准确""通顺"和"优雅"三大原则是合适的。口译和笔译有所区别，口译的"实时""现场"和"有时限"的特性使得口译的标准与笔译有所不同。评估口译质量的基本标准应该是"准确性"和"流畅性"。

首先，口译必须准确。口译的不准确可能导致误解、篡改或误译，这些都是无法接受的。准确性是口译的核心和生命线，它要求译员准确无误地将源语言的信息转达给目标语言的接收者。具体而言，口译的准确性涵盖了主题、精神、观点、风格、词语、数字、表达、语速及语气等方面。所有这些，归根到底，都要求在准确翻译的同时保持源语言的含义和风格。准确的口译不仅保障了双语交际的成功，也反映了译员的职业道德和专业水平。它不仅代表了译员对交际活动的尊重和负责任，也代表了对交际双方的尊重和负责任。值得一提的是，当我们谈论准确性时，我们并不是指机械化、刻板的"印制式"或"盖章式"口译。例如，对源语言者明显的口吃的模仿是不应该的，因为这并不是忠实的翻译，反而是对个人的侮辱。对于交际一方过快或过慢的语速、明显的口误或浓重的口音，译员也不能照猫画虎般地如数传递给另一方。

流利性是译员必须遵守的关键标准之一。在保证准确翻译的基础上，译员应迅速流畅地将一方的信息传达给另一方。准确性虽然也是书面翻译的基本要求，但流畅性却是口译特质的充分体现。口译的实时性、即时性、临场性、时间限制性和互动性等因素要求口译过程应简洁紧凑，节奏紧密不宽松。口译作为一种交流工具，其价值体现在其效用和效率上。一个没有效用或效率低的工具无法称为好工具。那么，如何评估口译的流利程度呢？这包括译员对源语言信息的感知速度和解析速度，以及他们使用目标语言进行编码和表达的速度。

一般而言，译者在理解和解析母语信息的速度上，以及在使用母语进行编码和表达的速度上，通常会超越其对外语信息的处理速度。在进行口译时，译者对信息的识别和解析都受到了"实时"和"限时"的约束，无法自由调整处理速度，因此必须同步处理；然而，在编码和表达的环节，译者可以控制自己的速度。因此，如果目标语言是译者的母语，那么译者所需要的口译时间就会比目标语言是外语的口译时间要短。当然，口译的种类、内容、情况、对象和风格等各种因素都会影响口译的速度。因此，我们不能用单一的标准来判断各种类型的口译是否流畅。通常，我们会根据译者的口译时间是否大致等于演讲者的发言时间来评估口译的流畅程度。

当然，这也需要具体情况具体分析，因为不同的口译场合、不同的内容、不同的对象和不同的风格都会对口译的速度产生影响。

除了以上两个基本标准外，口译质量还需要考虑以下几个方面：

1. 完整性：译员应该完整地传达原语的信息，包括所有的细节和要点。如果译员遗漏了某些信息或者没有完全理解原语，那么就会影响口译的完整性。

2. 清晰度：译员应该用清晰、明确的语言传达原语的信息。如果译员使用了模糊、含糊或者难以理解的语言，就会影响口译的清晰度。

3. 语法和词汇的准确性：译员应该准确地使用语法和词汇来传达原语的信息。如果译员使用了错误的语法或者不准确的词汇，就会影响口译的准确性。

4. 语言风格：译员应该根据不同的场合和对象使用不同的语言风格。

5. 非语言表现：译员还应该注意自己的非语言表现，包括身体语言、面部表情和声音等。这些因素都会影响口译的效果和接受程度。

总之，衡量口译质量需要考虑多个方面，包括准确性、流利性、完整性、清晰度、语法和词汇准确性以及语言风格和非语言表现等。这些都是评估口译质量的重要指标。

二、口译的特点

口译作为一种特殊的语言交际活动，具有其独特的特点。

首先，口译可以被看作是一种不可预料的实时双语传译活动。译员需要在限制性的时间和准备情况下，快速转换为双语编码模式，进行现场口译。在一些口译环境中，如新闻发布和商业谈判，由于话题的变化性和不可预知性，译员往往无法完全预测交流双方的主题。虽然译员可能会根据预先确定的主题进行一定的推测，但这种推测通常是不足的，主观推测也是不可信赖的，甚至可能是危险的。另外，因为每个参与者都希望流畅地表达自己的思想，并能迅速地传达给他人，译员作为沟通的中介，往往会影响到信息的流畅性和接收速度。因此，沟通双方都希望译员能够尽量减少他们的对话时间，以实现高效的沟通。这就需要译员拥有优秀的临场反应能力和清晰的即时表达能力。

其次，口译的另一特性是要能够应对现场的压力。口译的一些场合，如国际会议和外交谈判，往往非常庄重和严肃。这种严肃的气氛可能会给初级译员带来巨大的心理压力，激增的紧张感可能会影响译员的自信和清晰表达能力。现场气氛的快速变化可能会导致译员的反应速度变慢，因此影响口译的正常发挥。在这种情况下，译员应避免刻意掩藏或调和现场气氛，而应忠实反映口译环境的气氛和主题，这是口译的基础职业守则。无论现场气氛是热烈或沉闷、严肃或随和，译员都不能让信息因为他们的不恰当过滤而损失。同时，译员的口译态度和表现也应该像一面镜子一样真实反映现场气氛。

再次，口译以其独特的个人操作性和重大的翻译责任而著名。作为一个单独的工作者，译员需要具备强大的独立工作能力。在进行口译时，译员必须时刻准备独立处理可能遭遇的各种挑战，这些挑战可能来自语言、文化遗产、自然科学或社会科学等各种领域。由于这些问题无法回避，译员必须正视每一个问题并及时处理。在口译活动中，译者无法查找参考书籍或相关资料，并且不能反复打断发言者来请求他们重述或解释讲话中的复杂部分。作为独立工作者，译者必须对自己的口译质量负责，不能任意创作或扭曲真相。译员应该认识到，"译责"重大，在某些场合，如国际会议口译等，一旦出错可能没有机会再纠正。

最后，口译是一种综合运用视、听、说、写、读等知识和技能的语言操作活动。口译的内容包罗万象，从政治、经济到文化、科技等各个领域都有涉及。翻译人员需要具备深厚的语言知识，能够流利地使用两种语言，并擅长转化语言。由于口译服务的用户群体广泛，包括各个阶层和领域的人，他们具有不同的教育和文化背景，因此他们在交流过程中可能会故意或无意地展现出他们熟悉的专业知识。因此，译员不仅需要精通语言和交际技巧，还需要具备广博的知识和综合素质。

第三节　口译的模式和过程

一、口译的模式

口译由"译能""译技"和"译为"三个相互关联的部分构成。译能指的是口译能力，译技指的是口译技巧，译为指的是口译行为。

译能系译员的综合才能由他们的知识体系、语言技能、心理强度和道德觉悟构成。知识体系包括语言知识、社会知识、通用知识和专门知识等。语言技能包含语言感知、辨析解释、编码处理和流畅表达等能力。心理强度包括短期记忆、压力承受、应对现场变化和开放接受等素质。道德觉悟包括忠诚、诚信、保密和服务等意识。

在某种程度上，翻译能力是一种内在的才华。虽然几乎所有的双语人都能做基础级别的口译，但达到高级口译水平则是一种挑战。优秀的高级口译人员通常都有天生的聪明才智和特殊的口译才能，但口译才能并不等同于口译技能，大部分的翻译技能都需要通过后天的培养和练习来获得。优秀的翻译能力不可能一步到位，需要逐渐形成并持续完善。尽管"人无我有，人有我优"是一种理想境地，但是"精进技艺，臻于至善"的理念更为重要。这正是"熟能生巧"的道理。口译技巧是口译人员所熟悉并掌握的一系列方法论。它涵盖了语言知识的应用和认知能力的展现。口译是否成功，很大程度上取决于如何掌握和应用这些口译技巧。具体的口译技巧包括听力理解、实时记录、语言表达、主题提炼、论点预测、信息梳理、生词解析、含义推敲、话语传递、语言再构、场景再现、问题解决等。

译技的主要获取途径是实践。口译实践需要通过持续的磨砺、实际操作以及技巧运用，它是一个不断总结实践并提高技能的过程。熟练与技巧是紧密相连的，遗忘的是技巧，而抛弃的是熟练。所谓"熟练"，其精髓就在于"熟能生巧"，而"巧"则能产生技巧。口译既是能力的反映，也是技巧的展现。口译可以表示为单向信息转换，即将 A 语言转换为 B 语言，或将 B 语言转换为 A 语言；也可以表现为双向信息交互，即交替地将 A 语言和 B 语言进行译出或译入。

翻译可以被划分为两类：训练型翻译和实际型翻译。训练型翻译是编织的口译行为，是主要的译员培训方式，它的难度和度量是可以控制的，内容是可以预见的，甚至是已经知道的，操作呈现出量体裁衣的特性，符合"因材施教"的教育理念。实际型翻译是在真实环境中进行的口译，属于译员的正式口译行为，其难度和度量是可变的，内容或许可以预见，也可能难以预测，操作过程中心理压力较大，译员需高度集中注意力，情绪也更容易激动，翻译效果会更持久。在口译培训中，如果教师可以适时将训练型翻译转变为实际型翻译，那么教学效果将更加明显。

译能、译技、译为是口译模式的核心要素，并全面体现了译质。这三者的特性可以细化为，译能作为口译过程的推动力，是译质的核心，它构成了口译信息输送的基础，并标志着口译级别的起点。译技是口译过程的工具，对译质起到协助作用，它提供了口译信息传输的通道，保证了口译的水平。译为定义了口译的目标，是译质的展现，使口译信息完美传达，并衡量口译水平的尺度。

口译能力、口译技巧和口译行为相互依赖、相互转化。口译能力主要表现在译者的思维中，口译技巧主要体现在译者的心智上，而口译行为主要反映在译者的口头表达上。

虽然译为表现出的是译能和译技，但这并不意味着它总能完美展现译能。拥有出色的译能并不能保证每一次的译为都能表现出色，就像一个有优秀体操技能的运动员并不能保证每一次的表演都完美一样。译能是静态且稳定的，而译为是动态且多变的。译能没有例外，而译为却可能出现异常。

口译能力差的人翻译出的内容必定欠佳，但高翻译能力的人并不一定能保证翻译优良。口译的质量是建立在口译能力的基础上的，但口译能力可以通过口译的行为得到提升。口译技巧是一系列知识应用的技能，可以通过实践来不断增加其数量、提升其质量。口译技巧也伴随着口译能力提高而不断完善。一般来看，口译的次数越多，口译的技巧就越完善，口译能力也就越强。没有实际口译行为的口译能力可能只是停留在理论知识的阶段，而没有实际口译行为的口译技巧根本不存在。"熟能生巧"的道理很好地揭示了口译行为与口译技巧的关系。

二、口译的过程

口译的基本过程是：输入→解译→输出。

从口译过程的形式上看，口译将信息的来源语形式转换为目标语形式，即由"源语"转码为"译语"：源语输入→语码转换→译语输出。

从口译过程的内容上看，口译从信息的感知开始，经过加工处理，再将信息表达出来：信息感知→信息处理→信息表达。

口译过程的这三个阶段可具体分解为五个阶段：接收→解码→记录→编码→表达。

信息接收在译员工作中有两种主要方式："听入"和"视入"。听入是口译的基础和常见模式，它在很大程度上取决于译员的听力水平。视入则是视译的信息接收模式，这种方法在口译中并不常见，但有时会作为补充手段。译员在听取母语信息时，如果不是遇到了不常见的地方口音、奇特的语言、俚语、古语、专业词汇，或者产生"听错"的情况，一般不会听入有困难，然而，当接收非本族语言的信息时，译员可能会遇到挑战，可能会听过头或者漏掉一些信息，甚至可能听错。信息接收有两种形式：被动接收和主动接收。被动接收是孤立地听单词和句子，译员的注意力过于关注语言的形式。主动接收则是译员在听的时候非常注意信息提供者的表情和语调，重视信息的含义（包括语境意义和修辞意义）。译员在接收时应该采取主动听入的方法。解码是指译员对接收到的来源语的信息码进行解意，获取其中所包含的语言和非语言形式的各种信息。

原始信息编码是多元和多级的，包含了语言编码如语音、句法、词汇，以及非语言编码如文化传统、专业知识、信息背景、表达风格及神态表情。也存在着位于这两者间的编码，如双关语、言外之意、语境之意等。鉴于源信息编码极度丰富且复杂，展示出线性排列和层次交叉的特性，因此译者解读原编码并不可能按顺序逐个解码。对语言信息的多维处理是人脑的天性，译者在译解语言信号的同时，也会整合、识别和解析各种细微的非语言信号以及它们与语言信号可能的关联。这也是为何智能翻译器无法完全替代人工口译的主要原因之一。值得一提的是，译者的感知和解码能力与他们在长期记忆中储存的知识和经验紧密相关，特别是译者的解码能力，会随着知识水平的提高和经验的增长而得以提升。

记录，也就是暂时保存，是一种将我们感知的语码信息临时保存下来的过程。一种语码的信息在被感知后，转化为另一种语码之前，需要暂时保留。口译的信息记录主要采用两种方式，一种主要依赖于"记忆"，另一种主要依赖于"笔记"。口译记录的目的是尽量完整地保留感知到的信息，使得经过转码处理的信息得以完整传达。若记录不当，可能导致原语信息部分或全部丢失。由于口译内容瞬息万变，因此良好的记录显得尤为重要，这也体现出口译这一职业的特殊需求。记录，特别是以"记忆"为主的形式，通常是与解码同步进行的。信息越简洁，大脑越容易记忆，信息越容易解码，记录起来也越容易。

译员需要具备强大的短期记忆能力，他们倾向于利用"口诀"取代"笔记"，然而，依赖"口诀"而忽视"笔记"在处理长篇信息时是不稳定甚至危险的。无论是用"口诀"还是"笔记"，译员记录的主要是信息的概念、主题、论点、情感、关键点、逻辑关联、数值关系等。

编码是将源语言的信息解读并用目标语言进行表达的过程。它涉及调整语言结构和选择词汇，翻译者需要消除源语言体系的影响，根据目标语言的表达习惯重新构造句子并表达原有的意义或主题。编码后的信息在语言形式上必须符合目标语言的规范，并且保持信息的完整性和原意。口译和笔译的编码技术类似，但口译需要快速流畅，没有时间像笔译那样斟酌用词，解决复杂问题，追求目标语言的"雅致"。

表达是指翻译员通过口语传递目标语编码的信息。这是口译过程的最终步骤，是整个过程成功与否的决定因素，也是口译成果的最后展现。口译表达的成功取决于其准确性和流畅性，只有这样才能为交流的双方间建立一条顺畅的信息通道。尽管口译表达不需要译员具备雄辩、流畅且熟练的口才，但清楚的发音、准确的音调、恰当的词汇选择、通顺的语句和流畅的表达却是每个专业译员必备的技能。

第四节　口译中的语言技能与交际策略

一、语言技能基础

（一）语言技能的重要性

口译语言技能在口译工作中具有极其重要的作用。口译人员只有具备扎实的双语基础和良好的语言运用能力，才能准确、流畅地进行口译。具体而言，口译语言技能的重要性主要体现在以下几个方面：

1. 语言理解能力：口译人员需要具备高度的语言理解能力，包括对语言知识和文化背景的深入理解。只有这样才能准确理解说话者的意思，并能够将其翻译成目标语言。

2. 语言表达能力：口译人员还需要具备良好的语言表达能力，能够将理解到的信息用目标语言表达出来，并且要做到准确、流畅、易于理解。

3. 跨文化交际能力：由于口译工作涉及不同文化之间的交流，因此跨文化交际能力也是口译语言技能中不可或缺的一部分。口译人员需要了解不同文化之间的差异，尊重并理解彼此的文化差异，才能更好地完成口译任务。

因此，口译语言技能对于口译工作的质量和效果具有决定性的影响。只有掌握了扎实的双语基础和良好的语言运用能力，才能更好地为不同语言和文化背景的人际交流搭建桥梁。

（二）听力理解与记忆技能

口译听力理解和记忆技能在口译过程中也是至关重要的。口译员需要能够准确理解说话者的信息，并能够将其记忆下来，以便在短时间内进行翻译。以下是一些关于口译听力理解和记忆技能的关键要素：

1. 听力理解：口译员需要具备良好的听力理解技能，这包括对语言、语调、语速、口音、连读、吞音等方面的敏感度和理解能力。这些技能可以帮助口译员更好地理解说话者所要表达的意思。

2. 短期记忆：口译员需要具备良好的短期记忆能力，能够在短时间内记住并理解说话者所表达的信息。这需要口译员进行有针对性的记忆训练，例如通过笔记、关联等方法来加强自己的短期记忆能力。

3. 笔记技巧：笔记是记忆的重要辅助工具，口译员需要通过快速、准确、简明的笔记方法来记录说话者的信息。通过使用自己熟悉的符号、缩写、关键词等，可以帮助口译员更好地回忆起说话者所表达的信息。

4. 背景知识：口译员需要具备一定的背景知识，以便更好地理解说话者所提到的相关信息。例如，如果口译员对经济领域有一定的了解，那么在听到相关经济术语和数据时，就更容易理解说话者的意思。

5. 练习与经验：口译员的听力理解和记忆技能需要通过不断的练习和积累经验来提高。通过练习，口译员可以不断提高自己的听力理解和记忆能力，从而提高自己的口译水平。

总之，口译听力理解和记忆技能对于口译员的口译质量和效率具有重要影响。口译员需要通过不断练习和积累经验，提高自己的听力理解和记忆能力，以更好地为不同语言和文化背景的人际交流搭建桥梁。

（三）语言转换技能

口译语言转换技能是口译员的核心技能之一，它涉及将源语言的信息转换为目标语言的信息。这种技能需要在两种语言之间进行灵活、准确、流畅的转换，以确保口译的准确性和流畅性。以下是一些关于口译语言转换技能的关键要素：

1. 语言知识：口译员需要掌握扎实的双语知识，包括语法、词汇、语音等方面的知识。

2. 转换技巧：语言转换技巧是口译员必须掌握的重要技能之一。这些技巧包括直接转换、意译、音译、增减译等。口译员需要根据具体情况选择合适的转换技巧，以确保口译的准确性和流畅性。

3. 文化意识：口译员需要具备跨文化意识，了解不同文化的差异和特点。在口译过程中，口译员需要尊重不同文化的差异，将源语言的信息准确地转换为符合目标文化习惯的信息。

4. 快速反应能力：口译员需要具备快速反应能力，能够迅速地将源语言的信息转换为目标语言的信息。这需要口译员具备良好的听力理解能力、语言转换能力和心理素质。

5. 专业训练：提高口译语言转换技能需要接受专业的训练。口译员通过参加口译培训班、实习或观摩经验丰富的口译员的现场表现，可以学习到更多的经验和技巧，不断提高自己的语言转换技能。

总之，口译语言转换技能是口译员必须掌握的重要技能之一。口译员需要具备扎实的双语知识、转换技巧和文化意识，还需要具备快速反应能力和专业训练经验。只有这样，才能更好地为不同语言和文化背景的人际交流搭建桥梁。

（四）语言技能的训练方法

口译语言技能的训练方法有很多种，以下是一些常见的训练方法：

1. 听力训练：选择一些专业性较强的听力材料，如新闻、演讲、讲座等进行听力训练。在听的过程中要抓住关键词，理解句子的结构和逻辑关系，培养快速捕捉信息的能力。

2. 词汇积累：通过背单词、阅读和听力积累词汇，同时要注意词汇的搭配和用法，提高词汇的运用能力。

3. 语言转换训练：通过模拟对话、快速翻译等方法进行语言转换训练。在训练过程中，要注意语言的准确性和流畅性，逐渐提高自己的语言转换技能。

4. 跨文化交际训练：通过了解不同文化的差异和特点，学习如何在跨文化交际中进行表达和沟通，可以通过阅读相关书籍、观看跨文化交际的视频等方式进行训练。

5. 口译实践训练：通过参加口译实践、观摩口译现场表现等方法进行训练。在实践中，要注意总结经验，不断改进自己的口译技能。

总之，口译语言技能的训练需要有针对性的方法和计划，需要不断地练习和积累经验。同时，需要注重跨文化交际、语言转换等方面的训练，以提高口译员的口译水平和质量。

二、交际策略解析

（一）口译交际策略概述

口译交际策略是指口译员在翻译过程中，为了解决由于语言、文化、社交等差异而产生的交际障碍和困难所采取的策略和方法。这些策略和方法可以帮助口译员更好地理解和适应不同文化背景的人和他们的交际方式，提高口译的准确性和流畅性。

（二）口译交际策略的分类

1. 直接引用：在口译过程中，如果原文的意思非常明确，口译员可以采用直接引用的策略。例如，在翻译人名、地名、时间等时，可以直接引用原文。

2. 替换：在翻译过程中，如果原文中的词汇或表达方式难以理解或不适合目标语言的文化背景，口译员可以采用替换的策略。例如，在某些特定的语境中，将"狗"翻译成"猫"，以避免在目标语言中出现文化冲突的情况。

3. 解释：当原文的意思比较隐晦或难以理解时，口译员可以采用解释的策略。例如，当原文中出现一些抽象词汇或比喻时，可以加入适当的解释，以帮助听者更好地理解。

4. 简化：在翻译过程中，如果原文的语言比较复杂或难以理解，口译员可以采用简化的策略。例如，将多个简单词汇组合成一个简单易懂的句子，以方便听者更好地理解。

5. 回避：当原文中出现一些敏感话题或难以翻译的内容时，口译员可以采用回避的策略。例如，当原文中出现一些政治敏感词汇时，可以避而不谈或者转换话题。

（三）口译交际策略的训练方法

1. 学习跨文化知识：译员可以通过学习不同文化的历史、文化、价值观和交际方式等知识，了解不同文化的差异和特点，为运用交际策略打下基础。

2. 模拟真实情境：译员可以模拟真实情境进行角色扮演或者模拟对话，练习如何运用交际策略解决实际交际中的问题。

3. 反思总结：译员可以在口译过程中注意观察自己的表现和对方的反应，及时反思总结哪些策略好用，哪些需要改进，不断提高自己的交际策略水平。

三、口译中的语言技能与交际策略的结合

（一）语言技能与交际策略的协同作用

在口译中，语言技能和交际策略是相互协同的，两者都是口译员成功完成口译任务的关键要素。

1.语言技能是口译的基础，它包括对目标语言和源语言的熟练掌握。只有掌握了语言的正确用法和表达方式，口译员才能准确、流畅地传达信息。同时，良好的语言技能也能够帮助口译员更好地理解原文，为后续的翻译过程打下基础。

2.交际策略是口译员解决交际障碍和困难的工具。在口译过程中，由于语言和文化的差异，可能会出现一些难以理解或解释的问题。这时，口译员需要运用适当的交际策略，如解释、类比、简化等，以帮助听者更好地理解。

在口译中，语言技能和交际策略是相辅相成的。一方面，良好的语言技能可以为口译员提供准确的词汇和语法基础，使交际策略的实施更加有效。另一方面，交际策略可以帮助口译员更好地应对口译过程中的文化差异和语言障碍，提高口译的效率和准确性。

因此，在口译培训和实践中，我们应该注重语言技能和交际策略的结合，使两者相互促进，以实现更好的口译效果。

（二）口译现场的情境应对

在口译现场，情境应对是口译员必须面对的一个重要方面。情境应对主要涉及口译员在遇到突发情况时的处理策略。以下是一些口译现场的情境及应对策略：

1.不理解或漏听：在口译过程中，可能会出现听不清、听不懂，或者口译员走神导致信息遗漏的情况。应对策略是口译员可以借助语境和语感进行推测，同时礼貌地请求说话者重复相关内容。

2.文化不匹配：由于文化差异，口译员可能对某些文化背景不熟悉，导致难以翻译某些具有特定文化内涵的词汇或表达。此时，口译员可以采取以下策略：直接引用原词并附加简单解释、用类似但不完全相同的词汇替换、忽略或更改与原意无关的部分内容。

3.语言错误：说话者可能会出现语法错误、发音错误或用错词汇等问题，导致口译员难以理解。此时，口译员可以礼貌地请求说话者重复或纠正错误，或者自行纠正后进行翻译。

4.模棱两可：当说话者的内容模棱两可，难以确定其真实意图时，口译员可以礼

貌地请求说话者给出更多细节或澄清，或者根据上下文和自己的判断进行推测。

5. 技术故障：在口译过程中，可能会出现技术故障，如录音设备故障、同声传译箱故障等。口译员应保持冷静，采取适当的应对措施，如暂停口译并询问相关问题、用备用设备替代故障设备等。

在口译现场的情境应对中，口译员要保持冷静、自信和灵活，同时遵循职业道德和规范，尊重说话者的原意，确保口译的准确性和顺畅性。

（三）提升口译效果的语言技能和交际策略结合方法

提升口译效果的语言技能和交际策略结合方法主要有以下几点：

1. 提高语言技能：作为口译员，首先要掌握目标语言和源语言的词汇、语法、口音、语速等基本语言技能。在语言技能方面，要注重听、说、读、写、译等方面的全面提升，尤其是听力理解和口语表达能力的提高。

2. 学习跨文化知识：口译员要接触不同文化背景的人，需要了解不同文化的特点、价值观、交际习惯等。通过学习跨文化知识，口译员可以更好地理解文化差异，运用合适的交际策略进行口译。

3. 运用多种交际策略：在口译过程中遇到难以处理的情境时，口译员要学会运用多种交际策略解决问题。例如，可以运用解释策略，对难以理解的内容进行简单解释；或者运用类比策略，用类似的事物进行类比说明；还可以运用简化策略，适当简化内容以方便听者理解。

4. 注重语境和情感：在口译过程中，语境和情感也是口译员需要考虑的重要因素。口译员要注重上下文语境，根据说话者的意图和听者的背景进行合理的解释和表达。同时，口译员也要关注情感因素，以积极、自信、友好的态度进行口译。

5. 接受专业培训：提升口译效果的语言技能和交际策略结合方法还有接受专业的培训。口译员通过参加口译培训班、实习或者观摩经验丰富的口译员的现场表现，可以学习到更多的经验和技巧。

总之，提升口译效果需要口译员在实践中不断学习、积累和总结经验，注重语言技能的提升和跨文化交际策略的运用。同时，接受专业的培训也是提高口译水平的重要途径。

第二章 认知理论与口译

第一节 认知理论概述

一、认知理论的基本概念

（一）认知的定义与内涵

知识的获取或使用，以及信息处理的过程被称为认知，这是人类最根本的心理活动。认知的组成部分包括感知、觉察、记忆、思考、想象以及语言等。这个过程可以大致分为以下三个阶段：

1.数据输入阶段：在这个阶段，人们接收来自外部世界的信息，如听觉、视觉、触觉等，这些信息以各种形式被输入到我们的头脑中。

2.加工处理阶段：在接收到信息后，我们的大脑会对这些信息进行加工处理。这个过程包括知觉、理解、记忆、判断和推理等心理活动。

3.输出阶段：经过加工处理后，我们的大脑会将这些信息以言语、行为等方式输出，对外界产生影响。

在这个过程中，认知的核心是信息加工。我们的大脑接收到信息后，会对其进行解码，然后进行处理和储存。这个过程可以是主动的，也可以是被动的，如在我们阅读文章或观看电影时，我们的大脑就会进行这种信息加工。

认知是一种心理过程，它涉及大脑对信息的接收、加工、处理和输出。认知科学的研究领域涵盖了知觉、记忆、思维、学习、语言和人工智能等多个方面，对于理解人类的认知过程以及开发更先进的认知技术和工具具有重要的意义。

（二）认知理论在心理学与认知科学中的地位

认知理论在心理学和认知科学中占据重要的地位。传统的心理学主要关注于行为主义，强调环境对人类行为的影响，而忽视了个体的内部心理过程，然而，随着认知科学的兴起，人们开始重视个体内部的心理过程，如思维、知觉、记忆和语言等。

认知理论是认知科学的重要组成部分。认知心理学和神经科学等领域的研究为认知理论的发展提供了重要的证据和支持。认知理论的研究范围广泛，包括知觉、记忆、思维和学习等方面。这些研究为深入了解人类的认知过程提供了重要的见解，并为心理学家和认知科学家提供了研究人类心理现象的新思路和新方法。

认知理论不仅对心理学和认知科学有重要影响，也对其他学科产生了深远的影响。例如，认知理论对人工智能、语言学、人类学和社会学等学科的研究和发展产生了重要的推动作用。

总之，认知理论在心理学和认知科学中占据着举足轻重的地位。它不仅为这些学科提供了重要的理论基础和研究方法，也为深入了解人类的认知过程和开发更先进的认知技术和工具提供了重要的支持。

（三）认知理论的主要分支与流派

认知理论主要分为以下几大分支和流派：

塔式理论：该理论重视以全局和关联性视角对心理和行为进行探讨，持有的观点是个体的行为并非是对环境刺激的简单反应，反之，是通过心理、物理领域，尤其是通过认知活动的融合进行的响应。塔式理论的理念包括完整—顿悟观点、认知—目的观点（符号学习的理念）和认知—发现观点等。

场论与群体动力学：场论主张由内在关系构成的整体系统的影响力或作用大于独立的个体。群体动力学则持有类似的观点，即由内在连接构建的整体系统的影响力或作用远超过无关联的个体。

一致性理论与认知相符理论：认知相符理论是一种社会心理学理论，旨在解析个体的内部心理动机如何影响其心理行为和外部活动。这个理论起源于 20 世纪 50 年代末期，试图从人的认知过程出发，深入理解潜藏在个体社会心理动作之下的动机状态。

除了以上几个分支和流派外，还有认知神经科学、认知心理学、认知语言学等研究领域，这些领域的研究为认知理论的发展提供了重要的证据和支持。

二、认知心理学的重要原则

首先是整体性原则。该原则认为人的知觉和记忆是按整体性原则进行的，而不是按个别特征的累加。大脑不是把所有事物看作无关联的单元，而是以单个事物的整体形式来处理信息。

其次是动力定型原则。动力定型是按照一定的规律发展形成的条件反射链锁。当这种条件反射链锁能顺利地依次活动下来时，人们就感到心情愉快，反之则感到不愉快。

动力定型重复出现的次数越多，对人的心理和生理作用越强。

再次是适应原则。大脑能通过改变神经网络的神经联系，对环境条件的变化进行适应。当视觉对象从一种背景移到另一种背景时，知觉印象会发生改变，但只要这种改变符合人的经验，人就会感到愉快。

最后是类化原则。类化原则认为大脑不是通过个别差异来识别对象的，而是把对象作为同类事物的代表来加以反映的。即知觉过程是把相似的事物联合起来，将同类事物归为一类。

第二节　认知负荷与口译

一、认知负荷理论如何适用于口译

认知负荷理论在口译中有着重要的应用。根据认知负荷理论，人类在处理信息时，工作记忆的容量是有限的。

在口译过程中，认知负荷理论的应用主要体现在以下几个方面：

1. 听力与分析：译员需要全神贯注地听取和理解源语言的信息，包括语音、语调、语法和词汇等。同时，他们还需要将这些信息与他们已有的知识进行比较和分析，以确定最合适的翻译。这些活动需要消耗大量的认知资源。

2. 短时记忆：短时记忆是译员在口译过程中需要使用的重要认知资源之一。他们需要在短时间内记住并理解源语言的信息，以便能够用目标语言准确地进行翻译。这需要译员有足够的短时记忆容量和注意力来存储和处理信息。

3. 言语生成：在口译过程中，言语生成是一个非常关键的环节。译员需要将他们所理解的信息用目标语言表达出来。这个过程需要译员有足够的语言生成能力和言语流畅度，以确保他们能够准确地传达源语言的信息。

4. 协调：口译员还需要协调好各种认知活动，如在听力与分析、短时记忆和言语生成之间进行有效的切换。这种协调过程也需要消耗一定的认知资源。

认知负荷理论在口译中的应用提供了深入理解口译过程的框架。它可以帮助我们更好地理解口译员在翻译过程中可能面临的挑战和困难，并为我们提供一些改善口译质量的方法。例如，优化工作记忆的利用和提高短时记忆的容量，可以降低口译过程中的认知负荷，从而提高口译的准确性和效率。

总的来说，认知负荷理论在口译中的应用有助于我们更好地理解口译过程，并提供改善口译质量的方法。

二、识别和分析口译中的认知负荷因素

在口译过程中，认知负荷可能来自多个方面。

首先，口译员必须一边听、理解、记住、翻译以及表达，一边在两种语言之间进行平衡，以保证翻译的流畅性。如果译员在处理这些多元任务时认知资源不足，或者分配给每项任务的认知力度低于任务所需要的，翻译可能无法顺利进行。

其次，口译员需要理解并处理大量的信息。他们需要在短时间内记住并理解源语言的信息，这需要大量的短时记忆。如果他们无法迅速理解或记住这些信息，就可能会在翻译过程中出现认知超载。

最后，口译员需要在不同的任务之间进行切换。例如，他们需要协调好听力理解与言语生成等不同任务的关系。这种协调过程也需要消耗一定的认知资源。

综上所述，口译中的认知负荷可能来自多个方面，包括多任务处理、信息处理和任务协调等。为了提高口译的质量，我们可以通过优化工作记忆的利用、提高短时记忆的容量和改进口译员的培训方法和技术等方式来降低认知负荷的影响。

第三节 信息选择与加工

一、口译中的信息选择过程

口译中的信息选择过程是一个译员根据不同的因素（包括语言、文化、语境等）对源语言信息进行筛选、解析和转译的过程，以下是几个关键步骤：

听取和理解：译员首先需要通过听取源语言的信息，理解其主旨和意图。这一步需要译员运用听力技巧，如抓住关键词、理解句子结构等，同时避免受到干扰。

分析与判断：在理解了发言者的意思之后，译员需要对信息进行分析和判断。这包括确定信息的主题、重点和次序，以及识别隐含的意义和言外之意。

选择与取舍：在分析和判断之后，译员需要根据口译的目的和受众的需求，选择哪些信息需要保留和翻译，哪些可以省略或简化。在这个过程中，译员需要考虑的因素包括语言的差异、文化的差异、语境的因素等。

转译与表达：最后，译员需要将选择出来的信息进行转译，即用自己的语言重新表达出来。这需要译员运用翻译技巧，如词汇的选用、句子的结构、语言的风格等。

这个过程中的每个步骤都需要译员进行大量的认知活动，包括分析、判断、记忆、表达等。口译中的信息选择过程是一个高度动态和灵活的过程，需要译员具备扎实的语言功底、敏锐的观察能力、出色的分析和判断能力以及丰富的专业知识和实践经验。

二、信息加工对口译质量的影响

信息加工对口译质量有显著影响。

首先，信息加工过程中的信息提取和处理水平直接影响口译的准确性。如果译员不能准确地提取源语言中的信息，或者在处理这些信息时出现错误，可能会导致口译的错误。

其次，信息加工也影响口译的速度和效率。如果译员在加工信息时反应过慢或者无法快速找到合适的表达方式，可能会导致口译的延迟。

再次，信息加工对口译的流畅性和通顺性也有影响。如果译员在翻译过程中频繁地停顿、重复或者修正，可能会影响口译的整体质量。

最后，信息加工还影响口译的表达效果。译员需要将源语言的信息用目标语言表达出来，如果译员的语言水平和表达能力不足，可能会影响口译的表达效果和质量。

因此,提高信息加工能力是提高口译质量的重要途径。译员可以通过加强语言训练、扩大知识面、提高听力理解和口语表达能力等手段来提高自己的信息加工能力。此外，译员也可以通过学习和掌握一些口译技巧和策略，如预测、笔记、整合等，来提高口译的质量和效率。

三、提及信息选择的策略和技巧

在进行口译时，信息选择的策略和技巧对口译质量有很大的影响。以下是几个关键的策略和技巧：

1. 理解文化背景：译员需要了解源语言和目标语言的文化背景，包括价值观、社交习惯、历史等。这可以帮助译员更好地理解口译中的信息，并选择适当的翻译方式。

2. 分析语境：译员需要了解口译的语境，包括发言者的身份、目的、听众的类型和需求等。这可以帮助译员更好地确定口译的重点和方式，并选择适当的词汇和表达方式。

3. 确定信息的重要性和优先级：译员需要确定口译信息的重要性和优先级，并根据这些信息的重要性和优先级来分配时间和精力。对于重要的信息，译员需要认真听取并准确地翻译；对于次要的信息，译员可以适当地简化或省略。

4. 选择合适的词汇和表达方式：译员需要选择合适的词汇和表达方式来翻译口译中的信息。这需要译员熟悉两种语言的语法、词汇和习惯用法，并考虑口译的时间、地点和场合等因素。

5. 利用听力技巧：译员需要利用听力技巧来更好地听取和理解口译中的信息。这包括听取主要信息、抓住细节、理解上下文等。

6. 注重细节：译员需要注重口译中的细节，包括语音、语调、语速、停顿等。这些细节可以帮助译员更好地理解口译中的信息，并选择适当的翻译方式。

总之，信息选择的策略和技巧是提高口译质量的关键。译员需要具备扎实的语言功底、敏锐的观察能力、出色的分析和判断能力，以及丰富的专业知识和实践经验，才能更好地进行口译工作。

第四节　决策过程

一、口译中的决策过程

口译中的决策过程是一个复杂而快速的过程，包括多个阶段和因素。以下是口译中的决策过程的一些关键步骤：

听取和理解：译员首先需要通过听取发言者的信息，理解其主旨和意图。这一步需要译员运用听力技巧，如抓住关键词、理解句子结构等，同时避免受到干扰。

分析判断：在理解了发言者的意思之后，译员需要对信息进行分析和判断。这包括确定信息的主题、重点和次序，以及识别隐含的意义和言外之意。译员还需要根据口译的目的和受众的需求，确定哪些信息需要保留和翻译，哪些可以省略或简化。

选择词汇和表达方式：译员需要选择合适的词汇和表达方式来翻译口译中的信息。这需要译员熟悉两种语言的语法、词汇和习惯用法，并考虑口译的时间、地点和场合等因素。译员还需要根据发言者的语气和态度，更好地确定说话人的意图，并选择适当的翻译方式。

翻译：译员需要将选择出来的信息进行翻译。这需要译员运用翻译技巧，如词汇的选用、句子的结构、语言的风格等。译员需要尽可能地保持原文的形式（特别是比喻、形象、民族、地方色彩等），同时传达原文的内容和意义。

校对和修正：在翻译完成后，译员需要进行校对和修正。这包括检查语法、拼写、用词等方面的错误，确保翻译的准确性。如果发现有任何翻译不当或错误的地方，译员需要及时进行修正。

这个过程中的每个步骤都需要译员快速、准确地做出决策。口译中的决策过程是一个高度灵活和动态的过程，需要译员具备扎实的语言功底、敏锐的观察能力、出色的分析和判断能力，以及丰富的专业知识和实践经验。

二、如何在有限时间内做出最佳翻译决策

在口译中，译员需要在有限时间内做出最佳翻译决策。以下是一些可以帮助译员在有限时间内做出最佳翻译决策的建议：

1. 熟悉语言和主题：译员应该尽可能熟悉所涉及的语言和主题。这包括掌握相关词汇、短语和表达方式，以及了解相关的文化、习俗和惯例。这将有助于译员更快地理解口译中的信息，并更准确地翻译。

2. 分析语境：译员需要了解口译的语境，包括发言者的身份、目的、听众的类型和需求等。这将有助于译员更好地确定口译的重点和方式，并选择适当的词汇和表达方式。

3. 选择合适的词汇和表达方式：译员需要选择合适的词汇和表达方式来翻译口译中的信息。这需要译员熟悉两种语言的语法、词汇和习惯用法，并考虑口译的时间、地点和场合等因素。译员还需要根据发言者的语气和态度，更好地确定说话人的意图，并选择适当的翻译方式。

4. 快速决策：译员需要快速做出翻译决策。这需要译员有敏锐的观察能力和分析能力，以及对口译的直觉和经验。译员需要尽可能快地理解口译中的信息，并迅速选择适当的翻译方式。

5. 练习和经验积累：译员需要通过不断的练习和经验积累来提高自己的翻译决策能力。通过参与口译实践、反思和评估自己的表现，译员可以逐步提高自己的技能水平，并在有限时间内做出更好的翻译决策。

总之，在口译中，译员需要在有限时间内做出最佳翻译决策，这需要具备扎实的语言功底、敏锐的观察能力、出色的分析和判断能力，以及丰富的专业知识和实践经验。可以通过熟悉语言和主题、分析语境、选择合适的词汇和表达方式、快速决策以及练习和经验积累等方法，逐步提高自己的翻译决策能力，并在有限时间内做出更好的表现。

三、决策时的认知偏差

在口译的决策过程中，认知偏差可能会对译员的决策产生负面影响。以下是一些

可能导致认知偏差的因素：

1. 确认偏误：确认偏误是一种认知偏差，表现为人们倾向于寻找、解释和记住信息以支持自己预先存在的信念或假设。译员可能在听到与自己理解不符的信息时，更易于解释和记忆与自己观点相符的信息，而忽略或否定与自己观点不同的信息。这可能会导致译员在决策时出现偏差。

2. 缺乏专业知识：译员可能对某些领域或主题并不熟悉，因此在口译过程中可能会遇到困难。如果译员不能准确、快速地理解口译中的信息，就可能无法做出正确的决策。此外，缺乏专业知识还可能导致译员在翻译时出现错误，从而影响决策的准确性。

3. 时间压力：口译通常需要在短时间内完成，时间压力可能会影响译员的决策过程。在时间压力下，译员可能会忽略某些信息、误解发言者的意图或做出不准确的翻译决策。

4. 情绪因素：情绪因素也可能对译员的决策产生影响。例如，译员可能会受到紧张、焦虑或疲劳等情绪因素的影响，导致注意力不集中、反应变慢，从而影响决策的准确性。

5. 社会期望：社会对译员的期望可能会对译员的决策产生影响。例如，社会可能期望译员能够完美地翻译每一个词、每一个句子，这种期望可能会导致译员在口译过程中过分关注细节，而忽略了整体信息的传递。

认知偏差可能导致译员在决策时出现错误，从而影响口译的质量。译员需要认识到这些认知偏差的影响，并采取相应的策略来减少其不利影响，如通过培训、学习和经验积累来提高自己的专业知识，在口译过程中保持冷静、专注和客观，以及适时寻求外部帮助来提高决策的准确性。

第五节　语言表达与表达策略

一、在口译过程中如何有效表达翻译内容

在口译过程中，译员需要将源语言的信息用目标语言表达出来。以下是一些可以帮助译员有效表达翻译内容的建议：

1. 准确理解信息：译员需要准确理解口译中的信息，包括语义、语用和语境等方面。这需要译员运用听力技巧，如抓住关键词、理解句子结构等，同时根据发言者的语气和态度，更好地确定说话人的意图。只有准确理解信息，才能为翻译打下良好的基础。

2. 言简意赅：译员需要用简洁明了的语言表达口译中的信息。在翻译过程中，译员可以使用一些简短、清晰的词汇和短语，避免使用冗长、复杂的句子。这可以让听

众更容易理解译员的翻译内容。

3. 保持语言的地道性：译员需要尽可能保持目标语言的地道性。这需要译员熟悉两种语言的语法、词汇和习惯用法，并选择合适的表达方式。译员可以运用翻译技巧，如语序调整、词汇替换等，使翻译更符合目标语言的习惯。

4. 注重语气和语调：译员需要注重语气和语调的表达。在翻译过程中，译员需要使用适当的语气和语调来传达口译中的信息。例如，译员可以用自信、确定的语气来翻译一些重要信息，用缓和、温柔的语气来翻译一些情感信息。

5. 与听众建立良好的沟通：译员需要与听众建立良好的沟通。这需要译员在翻译过程中保持自信、冷静和专注，同时注意观察听众的反应和需求。译员可以使用一些沟通技巧，如与听众进行视线交流、适当停顿等，以提高翻译的互动性和有效性。

总之，在口译过程中，译员需要准确理解信息、言简意赅、保持语言的地道性、注重语气和语调以及与听众建立良好的沟通。这些技巧可以帮助译员更有效地表达翻译内容，提高口译的质量和效果。

二、不同的表达策略和技巧

在口译过程中，不同的表达策略和技巧可以产生不同的效果。以下是一些常见的表达策略和技巧：

1. 扩词法：扩词法是议员在进行翻译时根据语义或语法的要求添加一些词汇，以更真实、流畅地传达原文的思想。妥善运用扩词法技巧可以让译文更加流畅自然，符合目标语的使用习惯。但要注意不要过度增加词汇，以避免翻译不准确或冗长。

2. 省略法：省略法是指在翻译时省略一些不必要的词汇或语法结构，使翻译更加简洁明了。

3. 重复法：重复法是指在翻译时重复一些重要的词汇或语法结构，以加强语气或突出重点。但要注意不能过度重复，以避免翻译冗长或啰唆。

4. 转换法：转换法是指在翻译时将原文中的词汇或语法结构转换成目标语言中相应的词汇或语法结构。例如，将英语中的被动语态转换成汉语中的主动语态，或将英语中的进行时态转换成汉语中的完成时态，等等。

5. 合并法：合并法是指在翻译时将两个或多个句子合并成一个句子。

6. 语序调整法：语序调整法是指在翻译时对原文的句子结构进行调整，使译文更加符合目标语言的习惯。

这些表达策略和技巧可以帮助译员更好地表达原文的思想内容，提高口译的质量和效果。在翻译过程中，译员需要根据具体情况灵活运用不同的策略和技巧，以达到最好的翻译效果。

三、语言表达的难点和挑战

在口译过程中，语言表达的难点和挑战主要来自以下几个方面：

1. 语言差异和跨文化差异：不同语言存在巨大的差异，包括词汇、语法、语序、口音等方面。译员需要熟悉两种语言的差异，并能够灵活地调整自己的语言风格和表达方式，以适应不同的语言和文化背景。

2. 听力理解：口译员首先需要通过听取发言者的语言信息来理解其主旨和意图。听力理解的难点包括抓住关键词、理解复杂的句子结构、区分口音和语调等。译员需要不断提高自己的听力技巧和理解能力，以确保准确地理解信息。

3. 信息处理和整合：译员需要在极短的时间内对听到的信息进行理解和分析，将其整合成连贯的目标语言。这个过程需要译员具备高度的思维能力和语言功底，同时还需要具备丰富的专业知识和实践经验。

4. 语言表达和转换：译员需要将理解并整合的信息用目标语言表达出来。语言表达的难点包括选词准确、语法正确、语速适中、语音清晰等。译员需要不断提高自己的语言表达技巧和转换能力，以便更准确、流畅地表达翻译内容。

5. 现场压力和环境：口译通常发生在紧张、忙碌的现场环境下，译员需要面对现场的压力和干扰，同时需要保持专注和冷静。译员需要具备高度的心理素质和适应能力，以应对各种突发情况。

总之，口译中的语言表达充满了挑战。译员需要不断提高自己的语言功底、思维能力、心理素质和适应能力，以克服语言表达的难点和挑战，提高口译的质量和效果。

第六节 认知理论在口译中的应用案例

在口译过程中，认知理论的应用可以帮助译员更好地理解和处理信息，提高翻译的准确性和效率。以下是一个口译案例。

案例背景：

在某次国际医学会议上，一位来自美国的医生正在用英语发表演讲，主要讨论新型糖尿病药物的临床试验结果。他的英语口音比较标准，但语速较快，且涉及很多医学专业的术语和数据。会议主席需要一位译员将其演讲内容翻译成中文，以便与会的其他医生能够更好地理解演讲内容。

在这场演讲中，译员可能会遇到以下挑战：

1. 医学专业术语：译员可能不熟悉医学领域的专业术语，或者某些术语在中文中没有完全对应的翻译。这可能会导致译员在翻译过程中出现误解或表达不清的情况。

2. 数据和图表：演讲中涉及很多数据和图表，译员需要准确地翻译这些信息，并确保中文表述与英文意思一致。这可能需要译员在短时间内记忆和理解大量信息，并在翻译过程中保持准确性和流畅性。

3. 口音和语速：由于发言人来自美国，其可能会有一些美式口音且语速较快。译员可能需要花时间适应这些发音和语调，并确保在中文翻译中保持一致性。

4. 临场应变：如果演讲中出现了新的话题或者意外情况，译员需要能够快速适应并准确地翻译出新的内容。例如，如果演讲人在演讲过程中临时改变了演讲主题，或者增加了一些未提前告知译员的新数据或信息，译员需要能够快速应对并确保翻译的准确性和流畅性。

5. 认知理论因素：在上述案例中，认知理论的应用体现在以下几个方面。

（1）工作记忆：译员需要利用工作记忆来理解和记住发言人演讲中的信息。工作记忆是短时记忆的一种，可以帮助人们暂时存储和加工信息。译员可以利用工作记忆来处理听到的英语信息，同时将其转换为中文表达。

（2）认知负荷：由于口译需要在短时间内完成，译员需要合理分配认知资源，使认知负荷保持在合理范围内。如果认知负荷过高，译员可能会感到压力和焦虑，影响翻译效果；如果认知负荷过低，译员可能会感到无聊和分心，同样会影响翻译质量。

（3）关于图式理论：图式理论最初源于德国哲学家伊曼努尔·康德（Immanuel Kant）。康德在哲学作品中引入了图式理论的观念，主张人的大脑中具备纯粹的观念，这些图式是连接理论和感知对象的桥梁，然而，康德的图式理论主要关注的是概念和范畴的关系，而非知识表征和存储的方式。

瑞士著名的心理学家、教育家皮亚杰（Jean Piaget）对图式概念进行了深入研究，他认为"图式是指动作的结构或组织"。

现代图式理论的进步开始于 20 世纪 70 年代末，主要是受信息科学和计算机科学的影响，是对人类心理学的认知过程进行了重大的变革研究。这一理论在 20 世纪 90 年代被社会心理学家所采纳，并被运用于跨文化交际的研究领域。

总的来说，虽然康德最早提出了图式理论的概念，但皮亚杰的贡献使这一理论在认知心理学领域得到了广泛应用和发展。

在上述口译案例中，认知理论的应用可以帮助译员更好地理解和处理信息，提高翻译的准确性和效率。通过利用工作记忆、认知负荷和图式理论等认知因素，译员可以在口译过程中更好地应对挑战，提高口译的质量和效果。

认知理论可以用来解释许多口译现象：

信息处理和加工：认知理论认为，译员在口译过程中需要对信息进行加工和处理。这包括从源语言到目标语言的转换，以及确保翻译的准确性和流畅性。这种处理和加工涉及对语言、文化和社会背景等因素的理解和运用。

工作记忆的运用：认知理论强调工作记忆在口译过程中的作用。译员需要运用工作记忆来保持对源语言的理解，同时需要将这种理解与目标语言进行匹配和转换。工作记忆的运用还涉及译员在口译过程中对信息的暂时存储和加工。

语境和背景知识的运用：认知理论认为，译员在口译过程中需要运用语境和背景知识来理解和解释信息。语境包括源语言和目标语言的文化、社会和历史背景等。通过运用这些知识，译员可以更好地理解源语言的信息，并将其转换为目标语言。

注意力和监控：认知理论强调译员在口译过程中需要保持注意力高度集中，并对翻译进行实时监控。这包括对源语言的听力理解，对目标语言的产出和表达，以及对翻译过程中出现的错误或问题进行纠正和调整。

决策过程：认知理论可以解释译员在口译过程中如何做出决策。译员需要根据源语言的信息、语境、背景知识和其他认知因素来快速做出决策，选择合适的翻译策略和表达方式。这种决策过程涉及分析、判断和选择等认知过程。

这个例子说明了认知理论是如何解释口译现象的，能帮助我们更好地理解译员在口译过程中是如何处理信息、运用背景知识、保持注意力集中并作出决策。

认知理论在口译中的应用会因场景不同而有所差异，以下是一些不同场景的例子。

正式会议：在正式会议上，译员需要准确翻译出发言者的话语，同时需要注意自己的语言和肢体表达，确保信息的准确性和流畅性。在此场景下，译员需要运用认知理论中的信息处理和加工、工作记忆的运用和注意力的监控等认知因素。

日常对话：在日常对话中，译员需要灵活运用认知理论中的语言转换、语境和背景知识的运用以及决策过程等认知因素。例如，译员需要根据语境和背景知识理解会话者的意图和情感，并做出合适的翻译决策。

文化交流：在文化交流中，译员需要运用认知理论中的跨文化知识和背景知识，以及语言和文化的匹配等认知因素。这包括对目标语言的文化、历史和社会背景等有深入的了解，并能够将其与源语言进行准确的匹配和转换。

实时口译：在实时口译中，译员需要运用认知理论中的工作记忆、注意力和决策过程等认知因素。例如，译员需要保持高度集中的注意力，对源语言的信息进行快速处理和加工，同时需要快速做出决策，选择合适的翻译策略和表达方式。

这些场景的例子说明了认知理论在不同场景下的应用会有所差异。译员需要根据具体场景和情况，灵活运用认知理论的不同因素，以提高口译的质量和效果。

第三章　同声传译

第一节　同声传译口译概述

一、定义

同声传译或称同声传译，是一项高难度的语言、知识和文化信息处理任务。在这个过程中，译员在专门的同声传译间使用专业设备如耳机和麦克风，接收并传送演讲者的信息。译员不只需要接收和理解原始语言的内容，还需将其实时转译为目标语言，以便会议室中的听众通过耳机收听到转译后的目标语言。

同声传译的特性决定了它是一种需要特殊心理决策技巧的活动。译员必须在极短的时间内，通常为每 20 至 30 分钟或当会场变换讲话人时，做出即时的翻译决策。这种高强度的认知活动对译员的身心素质、语言功底、知识储备以及文化理解等都提出了严格的要求。

二、特征

依据语料分析和先前的研究，我们可以断定同步翻译信息处理至少包含六大特性：任务交叠、分段运行、一次性处理、高负荷输入、高负荷输出以及多元决策。

（一）任务交叠

在同声传译流程中，预测、觉察、专注、理解、记忆、转译、设计、结构、陈述、倾听和修正等认知活动可能会交织或同步出现，造成任务的叠加。这为注意力这种瓶颈资源带来了最大的挑战。在实践中，译员经常需要在多个语段之间进行转换，而每个语段的信息处理都需要注意力的参与。

（二）分段运行

在口译中，我们通常将语言分段的单位称为"EVS"，也就是"Ear-Voice Span"。这是指译员听到演讲并转化为译语所需的时间，以及在开始翻译之前需要听到的源语言词汇数量。在英汉两种语言的翻译过程中，由于两者在语言结构和句型上的不同，如英语的右分支（right-branching）结构（也称为后置结构）和汉语的左分支（left-branching）结构（也称为前置结构）的转化，EVS 可以从几个词汇变为十几个词汇。

（三）一次性处理

同声传译译员的产出通常是其信息处理机制的"初次产品"。这主要是因为受到同声传译极度时间限制以及信息材料和认知资源的限制，译员的"初次产品"往往已经相当成熟。

（四）高负荷输入

在处理每个语段的过程中，译员总是需要承受一定的认知压力。如果在给定的时间里，译员无法完成对应语段的处理任务，则剩余的认知压力将会转移到下一段语言。这就导致了相邻语段的认知压力转变为原来处理压力和输入压力的总和。

（五）高负荷输出

负荷输出是指，如果译员在处理当前语段时表现出色，不仅完成了当前的任务，还通过预测等手段提前处理了相邻语段需要处理的信息，那么这就意味着相邻语段的认知负荷可以在原本的处理负荷上有所减少。因此，高负荷输出有利于译员在处理语段过程中避免负荷过载，减少错误发生的可能性。这与高负荷输入的概念是相反的。

（六）多元决策

在同声传译的信息处理中，译员需运用其认知机制来做出连续、快速且准确的决策。其中特别关键的是译语决策，即译员必须弄清楚讲话的信息所代表的概念意图，并选择最适当的译语形式来表达该意图。除此以外，译员还需在诸多地方作出决定，如时间决策或是评估与反馈等决策。

以上所述的同声传译信息处理过程的六大特征是相互联系、相互影响的。这些特征共同构成了同声传译的独特性和挑战性，同时凸显了其作为认知活动的一种形式，同声传译需要高强度的注意力和决策能力，以及丰富的语言知识和文化背景知识。

第二节　同声传译译员的素质要求与技能训练

一、当前教育状况

从全球视角来看，同声传译这一领域的发展状况各有千秋。在欧洲，以欧盟为中心，其成员国的少数学校设立了同声传译专业，这些专业主要针对欧洲的语言。例如，德国的顶尖同声传译学院——莱比锡大学、法国巴黎高级翻译学院以及英国纽卡斯尔大学口译学院等。

美洲主要是在美国进行同声传译培训，其中一些知名大学如蒙特瑞国际研究学院（Monterey Institute of International Studies）等都有出色的教学声誉。这些学校凭借其强大的师资力量和严谨的教学体系，为全球培养了大量的高级翻译人才。

在亚洲，同声传译译员的培训，特别是中文译员的培养，在香港特区和台湾地区较为发达。

近年来，中国的同声传译专业有了显著的发展。同时，新兴的翻译教育领头者如上海外国语大学和广东外语外贸大学迅速崭露头角，成为口译领域的新生力量。此外，还有些学校与欧盟等全球组织深入合作培养高水平的口译人才，他们在全球的政治和经济交流中发挥着至关重要的作用。

值得注意的是，同声传译教育是一个持续发展和不断进步的过程。随着全球化的深入和科技的进步，未来同声传译教育事业有望取得更加瞩目的成就，然而，面对世界各地语言和文化的多样性，同声传译教育也面临着巨大的挑战。如何更好地适应多元化的语言环境，提高翻译的准确性和效率，是当前同声传译教育需要关注和研究的重要问题。同时，培养具有跨文化意识、创新能力和敬业精神的同声传译人才，也是未来同声传译教育的重要任务。

二、素质要求

（一）听力理解能力

听力理解是口译的基础，特别是同声传译中，译员必须具备高水平的听力理解能力。鉴于同声传译员需要几乎与原语言发言者一样的语速进行信息呈现，这就使得译员必须能立即理解并领会原语言的意思，其中包括理解不同国家和地域的口音。对于译员来说，这是一个较高的要求，要求他们在日常生活中进行大量的听力训练。例如，译员听到以下这段话：

Opportunity is about providing an equal chance to everyone on the basis of merit,so that if we are working in China or Russia,a Chinese or Russian woman joining at the age of 21 or 22 has an equal chance of rising through the company across the world as someone joining the company here in the UK or in the USA

以上段话为例，译员要准确理解"Opportunity is about providing an equal chance to everyone on the basis of merit."这句话的含义，必须对 merit 一词的语境和含义有准

确的把握。同时，在句子 "so that if we are working in China or Russia,a Chinese or Russian woman joining at the age of 21 or 22 has an equal chance of rising through the company across the world as someone joining the company here in the UK or in the USA" 中，"has an equal chance of rising" 中的 rising 指的是 "晋升"，而非其他含义，这对译员的语境理解和词汇选择提出了高要求。

实际上，所谓的听懂不是简单的字面理解，而是需要理解说话人的内容，跳出语言的外壳，抓住核心要义，然后准确、及时地传达给另一方。这需要译员具备高水平的听力理解能力，以应对同声传译中可能出现的各种情况。

（二）"分神"能力

分心能力，又名 "注意力分散" 能力，是指在同声传译的过程中，译者需并行处理听力理解、翻译和表述的任务，一边聆听，一边迅速构造句子以连贯流畅地表达。这种能力是同声传译的特有技能，必须通过大量的专业训练才能具备。

通常，为了训练译员的多任务处理能力，在训练过程中会同时执行多项任务。例如，在听的同时进行其他活动，如一边听一边写阿拉伯数字，或按照特定的顺序编写数字，如 2、4、6、8、10，这样一来，译员能将一部分注意力从听力理解转移到检查自己同声传译输出的精确度和流畅性上。显然，这对于译员的听力理解能力提出了更高的挑战。

（三）快速反应能力

同声传译员的任务是在两种语言之间快速切换，让听众能适时而准确地理解发言者要表达的意思。这就意味着同声传译员在听、理解、转化和表达的过程中需要极快的反应速度，在听的过程中要理解并抓住关键信息，并在表达时做到准确且扼要。例如，对于 "中国结常被用来寄托各种美好的愿望，如快乐、富饶、友善、避邪等" 这样一句话，避邪是中国文化中比较独特的一种概念，而且避邪在原句中打破了其他表述的语言结构，如快乐、富饶、友善都是名词，但避邪是动宾结构。译者需要使其结构与前面的结构保持一致，将其译为 "absence of evil"，即变为名词短语。显然，这就对译者的反应能力和表达能力提出了较高的要求。所以，译者对源语信息的有效接收与处理显得尤为关键。

张维教授为认为，译者需要能够快速而精准地理解原文的思想含义以及各种附加的元素（如语调、感情、强度等），并能利用翻译语言的内在表达能力，准确完整地将这些传递给听众。译者只有真正掌握了信息的精髓并梳理清楚思路，才能够将信息有效地用目标语言表达出来，实现与双方的有效沟通。正如刘和平教授所指出的，我们不能因为一个词语的"困扰"而陷入"束手无策"的境地。

（四）良好的学习和接收能力

鉴于会议主题的多样性，译员无法对所有内容都有深入了解，这就要求他们在接手会议口译任务后，能从多方面迅速掌握并理解新的知识，如查找参考资料，在网络上搜索相关信息，或是向某一专业领域的专家寻求帮助。例如，当译员被指派为一场关于钢铁业的专门训练会议提供同声传译服务时，他们应对钢铁行业的专业知识包括相关的词汇进行深入的了解和学习。

三、同声传译口译译前准备技术

准备翻译工作在同声传译过程中极其关键，这不仅有利于译员积累语言及词汇、熟练掌握句式和篇章，也可以帮助他们在翻译过程中进行语言和场景的预设。对于特定的翻译环境和主题，理解演讲者的性格、生活经历等对译员精确预测句子结构、更有效地进行句段的连接和过渡，甚至是掌控全篇论述的内容有很大的帮助。同时，翻译前的预备工作也需要译员具有合理的预测以及团队协作的能力。

译前准备可以分为间接准备和直接准备两个阶段。

第一，间接准备主要包括语言知识和技能，这是一个长期的过程，需要译员在日常生活中不断积累。

第二，直接准备则包括对特定领域、主题的背景知识和相关语境的了解，这是本书主要讨论的内容。

在准备翻译阶段，翻译者需要主动倾听并理解说话者的意图，同时应考虑听众的认知能力和理解力，以确保说话者的意图能顺利传达。一旦接受了翻译任务，翻译者就需要对任务进行深入的理解和解析，包括了解任务背景和语境，并进行适当的推测和预测。此外，还需要了解发言人和听者的情况，包括他们的背景、需求、认知风格等，以便更好地为他们提供服务。

除了长期的译前准备活动之外，译前的临时性突击准备也十分重要。这些准备工作能够有效地补充译员的认知体系，提高他们的翻译效率和准确性。

总的来说，译前准备是同声传译口译过程中不可或缺的一环，它不仅能帮助译员更好地理解和应对翻译任务，也能提高他们的翻译效率和准确性。通过充分的准备和预测，译员能够更好地应对口译过程中的各种挑战和变化，为听众提供高质量的翻译服务。

四、同声传译基本技能训练

（一）断句

"断句"是指在同声传译过程中，将英文句子根据合适的语意群或概念单元进行分割并翻译成中文。这种做法在中译英时同样适用。在同步翻译期间，译员会根据收到信息的顺序来分割句子，然后将句子进行有效的连接。这样就可以对收到的信息进行及时的处理，减少记忆压力。来看以下例句：

例1.In order to promote the all-round development of Hangzhou,/we must utilize the achievements of modern science and technology in broad areas.

例2.Affected by the so-called"financial tsunami",/a lot of graduates in Hangzhou are depressed/at being denied the opportunities to get good jobs.

例3.They will get the preparation done/before considering other proposals.

例4.Governments have a crucial role to play/in promoting social human development and/in providing the poor with the necessary working skills.

例5.It is always a pleasure/to be among the best and brightest/in an atmosphere of learning.

参考译文：

例1.为了促进杭州市的全面发展，我们必须利用所取得的成果，将现代科技方面的成果广泛运用。

例2.受到所谓的"金融海啸"的影响，大量杭州毕业生感到非常沮丧，因为他们找不到好工作。

例3.他们要把准备工作做完，然后再考虑其他建议。

例4.政府要发挥十分重要的作用，以促进社会的人力开发，并使穷人获得必要的劳动技能。

例5.这是件令人愉快的事情，让自己与最优秀、最聪明的人士相处，拥有好的学术氛围。

上述例子揭示了断句的主要优势，即调和英汉语言的结构差异并尽可能按原语顺序进行译写，以缩短听和翻译之间的时间间隔，减轻译者的记忆负担，然而，断句也有其弊端，若译者未能合理连接断开的句子，句子将显得杂乱无章，给听者带来理解困难。因此，译者在运用断句技巧时，应适当增加衔接词，使断开的句子合理连接。

（二）等待

"等待"在同声传译中意味着有意地暂停，等待获取更明确的上下文之后再进行翻译。等待可以视为对断句的补充，当译员感到后续有相关信息还未出现且未形成完整句子时，可以选择有意地暂停，再将句子以更完全、正确的方式翻译出来。显然，这种方法需要译员有一定的积累，以便形成这种意识。下面是几个例句：

例 1.We should advocate the spirit of taking the whole situation consideration. 在此例中，译者会发现 spirit of 后面会出现具体所指的是"精神"，因此短暂等待此信息的出现，可使译文听起来比较精练。

例 2.We should accelerate the establishment of social security system. 在此例中，establishment 表示建设、建立，of 后肯定伴随具体建设的内容，因此译者可以进行有意识的等待。

例 3.But the growing gap between the have sand have-nots will remain. 在此例中，gap 表示差距，between 后肯定会伴随存在差距的两个主体，因此译者可以进行有意识的等待。

例 4.The contradiction between the sky rocketing house prices and the relatively low purchasing power of Chinese citizens is far from being resolved by the government. 在此例中，contradiction 表示矛盾，between 后肯定是矛盾双方的主体，因此译者可以进行有意识的等待。

例 5.The importance of social and economic development has been wildly recognized in the academic community. 在此例中，importance 表示重要性，of 后肯定是重要性的具体内容，因此译者可以进行有意识的等待。

参考译文：

例 1. 我们要提倡（等待）顾全大局的精神。

例 2. 我们必须加快（等待）社会保障体系的建设。

例 3. 但是（等待）贫富之间的差距还会继续扩大。

例 5. （等待）房价大幅上涨和市民购买力不足之间的矛盾还远未被政府解决。

例 6. （等待）社会和经济发展的重要性在学术界被广泛认可。

（三）重复

在同声传译中，"重复"是一种至关重要的策略。考虑到信息源源不断地涌现，译员有时需要复述之前的内容，以此来使句子听起来更完整，并帮助听众更好地理解讲话内容。如王大伟教授所述，句子中的重复可以采取多种方式，如实义词、不定式符号、介词、连词等都可能被复述。接下来让我们来看以下例句：

例1.Stimulating market and expanding consumption are keys to increasing effective demands.

例2.Hangzhou is always hospitable to tourists and business men all over the world.

例3.A prosperous,strong and stable China is better to the United States,to the Asia Pacific Region,and to the whole world than a chaotic, poor and backward China.

例4.I will work closely with my Chinese colleagues on our research projects, through which I believe I'll realize my"China Dream"in the most rewarding direction.

参考译文：

例1.启动市场、扩大消费是增加有效需求的关键。

例2.杭州历来盛情招待来自世界各地的游客和客商。

例3.一个繁荣、富强、稳定的中国，比一个动乱、贫穷、落后的中国更有利于美国，有利于亚太地区，有利于整个世界。

例4.我会与中国同事就我们的研究项目而密切合作，通过这些合作，我认为我能以最有成效的形式实现我的"中国梦"。

（四）简化

由于很多会议讲话人会一边发言一边思考，许多内容也是临时组织的。所以，有些句子的信息可能会看起来很混乱。鲍刚明教授确指出，"即席性"是口头语言的基本特征，这是口语与书面语最显著的区别。这主要是因为说话者通常会同时经行思考、组织和讲话，他们的准备程度往往被降到最低。面对这种情况，翻译者可以适当地简化和概括，从而使表达更加顺畅和准确。请参考下面的例子：

例1.I think that what drives every successful TV station is that it provides the right programming and it does so to include everybody: young, old, men, women.

例2.Hunan Satellite TV is using their creativity which lies not just in the directing, producing, writing, and recording area. As I understand, it works with chairman, the senior manager,the advertising people and any other workers.

例3.In the course of the same year, the war broke out in that area.

参考译文：

例1.我想一家电台之所以成功，是因为它能够制作合适的节目，以适合男女老少。

例2.湖南卫视正把他们的创意使用在导演、制片、剧本写作以及录制领域。正如我认识到的那样，整个电视台从上到下都在使用此创意。

例3.同年，该地区爆发了战争。

（五）预测

由于中英文两种语言的语序存在较大差别，而同声传译译员又不可能在听完整个句子后才开始翻译，因此其需要对后面的内容进行合理预测。请看以下例句：

例1.我谨代表中国政府，并以我个人的名义，对各位朋友的到来表示诚挚的欢迎！向论坛主办方美国时代华纳集团表示衷心的祝贺。

在本例中，由于开幕式或闭幕式的致辞往往具有一定的模板，发言人通常会在致辞中对来宾表示欢迎，对主办方表示祝贺或感谢，因此译员可以作出合理预测。

例2.拥有十三亿人口的中国保持稳定和快速发展，对促进亚太地区及世界的稳定和发展，具有积极重要的意义。

在本例中，当译员听到"十三亿人口的中国保持稳定和快速发展，对促进……"时，便可预测后面的内容一般是"有重要的意义 / 非常重要 / 有很大的影响"等。

例3.让我们携手，共同为建设一个持久和平、共同繁荣的和谐世界而努力。

在本例中，当译员听到"共同为……"时，便可以预测后面的内容一般是"而努力 / 而奋斗"等。

参考译文：

例 1.On behalf of the Chinese government and also in my own name, I would like to extend my warm welcome to the guests and my sincere congratulations to the sponsor of the Forum, the Time Warner Inc. of the United States.

例2.China has 1.3 billion people. To maintain its stability and accelerate its development is of vital importance to the stability and development in Asia-Pacific and the world at large.

例3.Let us join hands and work together to build a peaceful and prosperous world.

（六）反译

英汉两种语言的差别往往表现在语序以及肯定与否定的使用不同方面，因此，译员在口译这类句子时，应尽量保持意思和源语一致。

为了减少记忆压力，我们需要有能力灵活地呈现源语言的顺序，包括将肯定语句转变为否定语句，或将否定语句转变为肯定语句。这是对译者适应性的一个重大挑战。适应性能力与语言技能、经验和背景知识密切相关。看下面的例句：

例 1. Americans like to do business without leaving their cars. 源语中的 "without leaving their cars" 并没有翻译成 "不离开他们的车子"，而是翻译成肯定形式 "开车"。

例 2.The air of lowlands is not so cool as that of hills. 源语中的 "is not so cool as" 并没有翻译成 "并不像……那么的凉爽"，而是直接变成肯定形式 "比……暖和一些"。

例 3. This machine is less expensive. 源语中的 "is less expensive" 并没有翻译成 "更不贵"，而是直接变成肯定形式 "更便宜"，便于听众理解。

参考译文：
例 1. 美国人喜欢开车办事。
例 2. 低地的空气比山上的空气暖和一些。
例 3. 这台机器更便宜。

五、西南民族大学英语同声传译口译课堂师生团队译前准备训练实践

探讨如何将英语同声传译口译的预备技术应用到课堂教学和训练实践中，以促进教师和学生的共同进步，是个有价值的议题。以西南民族大学为例，该校自 2006 年起投身于翻译教学，2009 年起推行口译课程，到 2010 年上半年，首次在具体教学实践中融入英语同声传译口译的实战材料，并打算安排学生参加实际的同声传译口译活动。以下我们将详细介绍这种教学法的应用过程和优势。

（一）建立外语实践群

在每个学期的口译课程开始前，教师们会与学生建立一个外语实践群，在班级内部进行预先讨论课堂所需准备和训练的各方面。教师们组织并管理学生创建词汇表，以及做大量的准备工作，如主题知识、背景知识、行业标准、文件名等，这涉及资料的查找、筛选、文献编辑和分析报告。通过项目管理的方式运行教师和学生团队，大大节省了时间，提高了课堂效率和学生的实践积极性。此外，教师们也有效地利用了大量的人力资源来应对高强度的同声传译工作。

（二）以口译主题为线索的师生训练

在具体的教学活动中，教师们将学生划分为笔译和口译两组，笔译组的任务包括翻译主旨发言、出席的领导职务、关键技术、发言人的演讲等内容。随后，在课堂上，

教师们会引导学生对文本进行分析、分段理解、模仿阅读、视译等活动。除此之外，教师们还会对学生进行诸如现场管理同声传译耳机、处理设备紧急问题、媒体接待翻译、领导接见翻译等项的培训。通过这些培训活动，学生能够处理现场的各类问题，同时，教师们会在课堂训练中找出并选拔能力强的学生来统一管理同声传译工作，以确保同声传译箱内外的配合，让同声传译译员能专注于同声传译工作。

（三）会议口译实战案例分析

以 2010 年 9 月 28 日举行的新能源国际峰会暨展览会论坛的中国—东盟新能源与可再生能源技术应用研讨为例，我们采取了以下具体步骤：

通过 QQ 群完成大量的译前准备活动，包括组织学生踊跃参加；

教师将学生分成笔译组和口译组，安排笔译组的学生翻译主旨发言、出席领导的官职、关键技术、发言人讲话等；

在课堂上组织学生分析文本、分析意群、跟读、视译等；

训练学生现场管理同声传译耳机、设备应急问题的处理、媒体接待翻译、领导接见翻译等项目；

会议开始前，教师拿到会议论文集光盘和参会指南，让学生提前熟悉，并在课堂上一起演练；

通过每个人提供的 PPT 和讲演稿细致分析涉及的技术。

尽管经过充分的课堂准备，但现场仍会出现各种问题。例如，演讲者可能对演讲进行各种创新，他们的讲话速度和语言重点可能与提前提供的 PPT 不匹配。为了应对这些问题，我们的策略是：在准备阶段锁定大体框架，理解演讲者的思路；在同步传译时，我们紧跟演讲者的语言而非依赖 PPT；对于复杂的背景，我们会让学生翻译大量的 PPT，以此构建词汇表。通过这种方式，我们的学生受益匪浅。

另一个例子是 2011 年 11 月 16 日在成都举办的国际创意设计推广周活动。由于组织者提前提供了会议材料，教师有充足的时间进行准备。我们提前对学生进行词汇表训练，帮助他们熟悉主题和耳机的使用等。在会议开始前，我们在网上找到了 2010 年 11 月 14 日 IF 国际论坛设计总裁 Ralph Wiegmann 在北京皇家大饭店的演讲和答问环节的中文翻译资料，并结合 PPT 进行了准备，这大大提高了效率。我们提前一周开始准备，于活动当天参与其中，在活动结束后的一周进行总结。通过这种模式，我们把各种训练模块融入了口译团队的预备过程中，包括从数字转化到复述、跟读、演讲和短期记忆等各种基本技能的训练。

在西南民族大学的教学实践中，口译教师们采用了一种以团队式译前准备为核心的教学方法，这种方法在提高学生的口译实践能力方面取得了显著成效。以下是对这种方法的详细阐述。

在会议开始的前一天，教师们通常会组织学生开展译前准备训练。这种训练以项目管理的方式进行，学生被分成若干小组，每个小组负责不同的任务，如资料搜集、词汇整理、模拟演讲等。通过这种训练，学生不仅学会了如何快速、准确地理解会议主题和相关信息，还学会了如何在团队中协同工作，提高沟通效率和执行力。

在会议当天，教师们会根据会议主题和内容，安排学生担任不同的岗位，如媒体接待、政府领导接待等。这些岗位不仅需要学生具备良好的沟通能力和礼仪素养，更需要学生具备快速反应和灵活应变的能力。通过这种实战演练，学生不仅能够深入了解口译工作的各个环节和细节，还能够锻炼自己的综合素质和实践能力。

在会议结束后，教师们会组织学生进行总结和反思。他们会让学生撰写工作报告，总结自己在会议中的表现和经验教训，并针对不足之处提出改进措施。此外，教师们还会对译前准备训练和实战演练进行评估和反馈，不断完善和优化教学方法和内容。

通过这种团队式的译前准备训练和实战演练，西南民族大学的学生们不仅提高了自己的口译实践能力，还培养了团队合作精神和职业素养。这种教学方法为口译课程的改革和创新提供了有益的思路和借鉴，也为口译教师提供了更多的教学资源和机会。

团队式译前准备尽管具有许多优势，但仍有许多待深入讨论的问题。例如，如何更好地衔接和配合各个环节，如何更加细致地研究各个细节，等等。此外，由于不同译员的习惯和经验不同，译前准备的个体化倾向也需要得到关注和解决。

总体来说，团队式译前准备是一种综合性的训练方法，它需要教师在教学过程中明确教学目标，优化课程设置，调整教学内容，完善评估机制。同时，教师还需要根据学生的实际情况和需要进行个性化辅导和补充，使译前准备更加符合学生的实际需求和未来职业的发展方向。

第三节　同声传译记忆认知

一、长期记忆的运用

（一）概念化记忆或认知记忆的重要性

概念化记忆或认知记忆在同声传译中非常重要。概念化记忆或认知记忆是指记住事物的定义、概念和属性，从而在大脑中形成清晰的概念和认知。

在同声传译中，译员需要快速准确地理解发言人的意思，并将其翻译成目标语言。译员需要掌握两种或多种语言，并将它们联系起来进行翻译。概念化记忆或认知记忆可以帮助译员在短时间内记住并理解发言人的意思，从而更好地进行翻译。

此外，概念化记忆或认知记忆还可以帮助译员更好地将两种语言联系起来，从而更好地表达目标语言的意思。译员需要将源语言的信息转化为目标语言的信息，并能够在两种语言之间建立联系。概念化记忆或认知记忆可以帮助译员更好地理解两种语言的差异和相似之处，从而更好地建立联系。

因此，概念化记忆或认知记忆在同声传译中是非常重要的。译员需要依靠概念化记忆或认知记忆来快速准确地理解发言人的意思，并将之翻译成目标语言。同时，译员还需要依靠概念化记忆或认知记忆来建立两种语言之间的联系，从而更好地表达目标语言的意思。

（二）如何依靠长期记忆理解并记住发言人的意思

1. 充分准备：在同声传译之前，译员应该充分准备自己需要翻译的主题和领域。这可以帮助译员更好地理解发言人的意思，因为译员可以依靠自己的长期记忆来理解相关的概念和知识。

2. 寻找语义线索：译员应该寻找语义线索来理解发言人的意思。语义线索可以帮助译员将发言人的话语与长期记忆中的概念联系起来，从而更好地理解意思。

3. 使用图式：译员可以使用图式来帮助自己理解和记住发言人的意思。图式是长期记忆中的知识结构，可以帮助译员将发言人的话语与长期记忆中的知识结构联系起来，从而更好地理解意思。

4. 归纳总结：译员可以归纳总结发言人的话语，这可以帮助译员更好地理解意思。归纳总结可以帮助译员将发言人的话语简化为更简单的概念，从而更好地依靠长期记忆来记住意思。

综上所述，依靠长期记忆理解并记住发言人的意思需要译员积极准备、寻找语义线索、使用图式和归纳总结。这些方法可以帮助译员更好地理解发言人的意思，并依靠长期记忆来记住源语信息。

（三）长期记忆在同声传译过程中的具体应用

1. 代码转换：在同声传译中，译员需要将源语言的信息转换为目标语言的信息。长期记忆可以帮助译员在两种语言之间建立联系，从而更好地进行代码转换。

2. 记忆已翻译的信息：在同声传译中，译员需要快速准确地翻译发言人的意思。长期记忆可以帮助译员将已经翻译的信息记住并联系起来，从而更好地表达意思。

3. 联系已有知识：译员在翻译时需要联系自己已有的知识，从而更好地理解发言人的意思。长期记忆可以帮助译员将新的信息与自己已有的知识联系起来，从而更好地理解意思。

4. 处理复杂的语义关系：在同声传译中，译员需要处理复杂的语义关系，如多义词、语境等。长期记忆可以帮助译员更好地理解这些语义关系，从而更好地进行翻译。

5. 情绪调节：在同声传译中，译员可能会遇到一些困难和挑战，如语言障碍、噪声等。长期记忆可以帮助译员调节情绪，保持专注和冷静，从而更好地完成翻译任务。

综上所述，长期记忆在同声传译过程中有多个具体应用，可以帮助译员更好地进行翻译，并更好地把握发言人要表达的意义。

二、短期记忆的运用

（一）短期记忆在同声传译中的重要性

短期记忆在同声传译中起着非常重要的作用。短期记忆是同声传译的核心，它能够记住并处理几秒钟内的信息，并将这些信息联系起来进行翻译。

在同声传译中，译员需要快速准确地记住发言人的话语，并理解其意思。译员需要在几秒钟内将发言人的话语转化为目标语言的信息，并将这些信息表达出来。如果译员没有短期记忆能力，他们将无法快速准确地翻译发言人的话语，也无法保证翻译的准确性和流畅性。

短期记忆在同声传译中的重要性体现在以下几个方面：

1. 信息储存：短期记忆可以帮助译员储存和加工发言人话语中的信息。译员需要将信息储存到短期记忆中，并对这些信息进行处理和提取。短期记忆的容量是有限的，但译员可以通过一些技巧和方法来提高自己的短期记忆能力，如分段记忆、重复等。

2. 信息处理和提取：短期记忆可以帮助译员对储存的信息进行处理和提取。译员需要将储存的信息联系起来，理解其意思，并将其翻译成目标语言。短期记忆可以帮助译员快速准确地找到对应的词语，并表达出来。

3. 语言转换：在同声传译中，译员需要将发言人的话语从源语言转换为目标语言。

4. 情绪调节：在同声传译中，译员可能会遇到一些困难和挑战，如语言障碍、噪声等。短期记忆可以帮助译员调节情绪，保持专注和冷静，从而更好地完成翻译任务。

综上所述，短期记忆在同声传译中起着非常重要的作用。译员需要充分认识到短期记忆的重要性，并在实践中通过一些方法和技巧来提高自己的短期记忆能力，从而更好地完成同声传译任务。

（二）如何利用短期记忆处理源源不断的新信息

1. 保持专注和警觉：译员需要保持高度专注和警觉，以便能够快速准确地接收和处理发言人传递的新信息。短期记忆的储存时间是有限的，译员需要尽可能地保持对信息的关注，以便能够在短时间内进行加工处理。

2. 分段记忆和重复：译员可以将发言人的话语分成不同的段落，并将每个段落作为一个独立的单元进行记忆。同时，译员可以重复每个段落，以便加深印象。这种方法可以帮助译员更好地掌握发言人的信息，并提高短期记忆的效率。

3. 寻找语义线索：译员可以寻找语义线索来帮助自己理解和记忆发言人的话语。语义线索可以帮助译员将发言人的话语与自己的短期记忆联系起来，从而更好地进行理解和翻译。

4. 使用工作记忆：译员可以使用工作记忆来帮助自己处理源源不断的新信息。工作记忆是短期记忆中的一个重要组成部分，它可以帮助译员在短时间内对信息进行处理和加工，从而提高短期记忆的效率。

5. 情绪调节：在同声传译过程中，译员可能会遇到一些困难和挑战，如语言障碍、噪声等。译员需要调节情绪，保持专注和冷静，从而更好地处理源源不断的新信息。

综上所述，利用短期记忆处理源源不断的新信息需要译员保持高度专注和警觉，分段记忆和重复，寻找语义线索，使用工作记忆以及情绪调节。这些方法可以帮助译员更好地掌握发言人的信息，提高短期记忆的效率，从而更好地完成同声传译任务。

（三）短期记忆在同声传译过程中的具体应用

1. 代码转换：在同声传译中，译员需要将源语言的信息转换为目标语言的信息。短期记忆可以帮助译员在几秒钟内想起对应的词语，并迅速地表达出来，从而进行高效的代码转换。

2. 记忆已翻译的信息：在同声传译中，译员需要快速准确地翻译发言人的意思。短期记忆可以帮助译员将刚刚翻译的信息记住并联系起来，从而更好地表达意思。

3. 联系已有知识：译员在翻译时需要联系自己已有的知识，从而更好地理解发言人的意思。短期记忆可以帮助译员将新的信息与自己已有的知识联系起来，从而更好地理解意思。

4. 处理复杂的语义关系：在同声传译中，译员需要处理复杂的语义关系，如多义词、语境等。短期记忆可以帮助译员更好地理解这些语义关系，从而更好地进行翻译。

在实际工作中，译员必须最大限度地运用其记忆力，同时必须掌握迅速处理已输入的信息的技能，以减轻译员记忆原语信息的重负。

三、工作记忆的运用

（一）工作记忆在同声传译中的重要性

工作记忆在同声传译中扮演着非常重要的角色。同声传译是一项极其复杂的任务，涵盖了从听取和理解源语言信息，到存储和加工这些信息，再到组织和表达目标语言信息，以及监控整个过程等一系列步骤。在这个繁杂的流程中，工作记忆的作用是至关紧要的。

工作记忆是指在进行认知活动时，短时间储存与处理信息的容量，它是对信息进行暂时加工和存储的心理系统。在同声传译过程中，译员需要同时进行信息的存储和加工，工作记忆在这个过程中起着至关重要的作用。

首先，工作记忆的容量对同声传译效果有着显著的影响。在同声传译中，译员需要快速准确地记住发言人的信息，并将这些信息进行处理和加工。如果工作记忆容量不足，译员将难以记住更多的信息，也无法快速准确地翻译出来。因此，在同等条件下，工作记忆容量越大，同声传译效果越好。

其次，工作记忆的协调效率也对同声传译效果有着重要影响。在同声传译过程中，译员需要协调各种认知活动，包括听辨、理解、储存、加工和表达等。如果工作记忆的协调效率低下，译员将难以在这些认知活动中保持平衡，也难以实现高效的同声传译。因此，记忆资源的协调效率能够比有限的记忆容量更好地解释同声传译效果，而且这一特点随着口译水平不断提高而日趋明显。

综上所述，工作记忆在同声传译中起着非常重要的作用。为了提高同声传译的效果，译员应当充分认识到工作记忆的重要性，并采取有效的训练对策来改善工作记忆。

（二）如何利用工作记忆保持对发言人信息的关注

1. 合理分配注意力：译员需要合理分配注意力，在听取发言人的话语时，需要将注意力集中在发言人的声音、语调和内容上，避免分散注意力。同时，译员需要注意发言人的语言特征和口音，以便更好地理解其意思。

2. 创造良好的听力环境：译员需要创造良好的听力环境，以减少干扰和噪声。如果译员在嘈杂的环境下进行同声传译，可以采取一些措施来减少干扰，如使用降噪耳机、调整音量等。

3. 利用笔记辅助记忆：在同声传译中，笔记是一个非常有用的工具，可以帮助译员记忆发言人的信息。译员可以采取一些策略来利用笔记辅助记忆，如使用简单的符号和缩写、记录关键词和短语等。

4. 练习跟述能力：跟述能力是指译员能够紧跟发言人的语速和语调，并能够准确翻译出其意思的能力。译员可以通过练习跟述能力来提高工作记忆的效率，如通过听录音、跟读等练习来锻炼自己的跟述能力。

5. 保持积极心态：在同声传译过程中，译员需要保持积极心态，以便更好地保持对发言人信息的关注。译员需要注意自己的情绪和心态，避免过度紧张和焦虑，以保持对发言人信息的关注。

综上所述，利用工作记忆保持对发言人信息的关注需要译员合理分配注意力、创造良好的听力环境、利用笔记辅助记忆、练习跟述能力以及保持积极心态。这些方法可以帮助译员更好地保持对发言人信息的关注，提高同声传译的效率和准确性。

（三）工作记忆在同声传译过程中的具体应用

1. 代码转换：在同声传译中，译员需要将源语言的信息转换为目标语言的信息。工作记忆可以帮助译员在短时间内想起对应的词语，并迅速地表达出来，从而进行高效的代码转换。

2. 记忆已翻译的信息：在同声传译中，译员需要快速准确地翻译发言人的意思。工作记忆可以帮助译员将刚刚翻译的信息记住并联系起来，从而更好地表达意思。

3. 联系已有知识：译员在翻译时需要联系自己已有的知识，从而更好地理解发言人的意思。工作记忆可以帮助译员将新的信息与自己已有的知识联系起来，从而更好地理解意思。

4. 处理复杂的语义关系：在同声传译中，译员需要处理复杂的语义关系，如多义词、语境等。工作记忆可以帮助译员更好地理解这些语义关系，从而更好地进行翻译。

5. 保持对发言人信息的关注：在同声传译过程中，译员需要保持对发言人信息的关注，以便更好地进行翻译。工作记忆可以帮助译员记住发言人的话语，并保持对发言人信息的关注，从而提高同声传译的效果。

综上所述，工作记忆在同声传译过程中起着非常重要的作用。良好的工作记忆可帮助译员尽快处理输入信息，使得"上游源源不断，下游滔滔不绝"成为可能。

四、认知负荷与同声传译

（一）认知负荷对同声传译的影响

认知负荷是指人在信息处理过程中所承受的心理负荷，它会影响同声传译的效果。同声传译是一项非常复杂的活动，需要译员在极短的时间内完成听力理解、短时记忆以及译语产出的整个过程，因此认知负荷对同声传译有着重要的影响。

首先，认知负荷会受到任务难度的影响。在同声传译中，如果发言人的语速过快、口音不清或者发言内容过于复杂，就会增加译员的认知负荷，使其难以有效地理解和翻译发言人的话语。

其次，认知负荷还会受到工作记忆的影响。工作记忆是译员在同声传译中处理信息的重要能力，如果工作记忆容量不足，就会导致译员无法记住更多的信息，从而无法进行高效的翻译。

最后，吉尔教授提出的认知负荷模型也表明，译员在同声传译中需要将认知资源分配到不同的任务上，如听取发言人的话语、理解其意思、翻译成目标语言等。如果译员无法有效地分配认知资源，就会导致认知负荷过高，从而影响同声传译的效果。

综上所述，认知负荷对同声传译的影响是显著的。为了提高同声传译的效果，译员需要充分考虑认知负荷的影响因素，采取有效的策略来降低认知负荷，如提高听力理解能力、扩展工作记忆容量、合理分配认知资源等。同时，译员也需要不断学习和提高自己的语言能力和专业知识，以更好地应对不同类型的同声传译任务。

（二）如何合理分配认知资源，降低认知负荷

合理分配认知资源，降低认知负荷是同声传译中至关重要的一个方面，其采用以下方法。

1. 听力理解策略：译员可以采取一些听力理解策略，如预判、推断、抓住关键词和关键信息等，以减轻认知负荷。通过提前预测和推断发言人的意图和要点，译员可以减少需要在短暂的时间内处理的信息量，从而降低认知负荷。

2. 工作记忆扩展：译员可以通过一些方法扩展工作记忆容量，如使用记忆技巧、练习复述等。通过扩展工作记忆容量，译员可以记住更多的信息，从而减少认知负荷。

3. 分配认知资源：译员需要根据任务的不同难度和复杂度，合理分配认知资源。在同声传译中，译员需要将认知资源分配到不同的任务上，如听取发言人的话语、理解其意思、翻译成目标语言等。如果译员无法有效地分配认知资源，就会导致认知负荷过高，从而影响同声传译的效果。

4. 减少外部干扰：译员在同声传译过程中需要尽量避免外部干扰，如关闭手机、避免与他人交流等。减少外部干扰可以减少译员需要处理的无关信息，降低认知负荷。

5. 情绪调节：译员在同声传译过程中需要保持冷静、放松心情，避免过度紧张和焦虑。情绪调节可以帮助译员更好地控制自己的心态，从而减少因情绪波动而产生的认知负荷。

综上所述，合理分配认知资源，降低认知负荷是同声传译中至关重要的一个方面。译员可以通过听力理解策略、工作记忆扩展、分配认知资源、减少外部干扰以及情绪调节等方法来降低认知负荷，提高同声传译的效果和效率。

（三）基于认知负荷理论的同声传译策略

1. 信息简约策略：认知负荷理论认为，工作记忆的容量有限，过多的信息会增加认知负荷。因此，在同声传译中，译员需要尽量简化信息，避免传达冗余和无关的信息。这可以通过提炼关键词、简化和缩略语言来实现。

2. 语言层次调整策略：认知负荷理论认为，理解语言的过程需要将信息从工作记忆中转移到长时记忆中。在这个过程中，语言的难度会影响认知负荷。因此，在同声传译中，译员可以通过调整语言层次来降低认知负荷。例如，将复杂的长句拆分成几个短句来传达，以降低理解难度。

3. 语境化策略：认知负荷理论认为，理解语境化的信息会更容易，因为语境可以提供额外的信息。因此，译员可以在同声传译中使用语境化策略，如添加背景信息、解释专业术语等来降低认知负荷。

4. 注意力切换策略：根据认知负荷理论，同时处理多个任务会增加认知负荷。因此，在同声传译中，译员可以通过切换注意力来降低认知负荷。例如，当发言人说话时，译员可以专注于听取和理解信息；当翻译时，译员可以专注于翻译。这种策略可以帮助译员在不同的任务之间进行切换，以降低认知负荷。

5. 训练策略：认知负荷理论认为，训练可以增加长时记忆的容量，从而降低认知负荷。因此，译员可以通过训练来提高同声传译的能力。例如，通过练习口译、听力训练、语言对比等方法来提高语言能力和认知能力，从而降低认知负荷。

综上所述，基于认知负荷理论的同声传译策略包括信息简约策略、语言层次调整策略、语境化策略、注意力切换策略和训练策略。这些策略可以帮助译员在同声传译中更好地处理信息，降低认知负荷，从而提高同声传译的效率。

五、图式理论与同声传译

（一）图式理论在同声传译中的应用

1. 理解源语言：同声传译员在翻译过程中需要快速准确地理解源语言。图式理论可以帮助译员将新接收的信息与已有的知识框架联系起来，从而更好地理解源语言。例如，如果译员对某个领域有一定的了解，他可以利用该领域的图式理论来理解发言人的话语，从而更好地翻译。

2. 记忆信息：同声传译的时间非常短暂，译员需要在极短的时间内记住并翻译发言人的话语。图式理论可以帮助译员将新接收的信息与已有的知识框架联系起来，从而更好地记忆信息。例如，译员可以将发言人的话语与自己已有的知识进行联系，然后将这些信息储存在工作记忆中，以便在翻译时能够快速准确地提取出来。

3. 提高翻译质量：图式理论可以帮助译员更好地理解源语言和记忆信息，从而提高翻译质量。例如，译员可以利用图式理论来理解发言人的话语，然后将其翻译成目标语言。同时，译员还可以利用图式理论来记忆信息，从而在翻译时能够更加自信和准确地表达。

总之，图式理论对译员在同声传译中理解和记忆有着积极的作用，可以帮助译员更好地完成翻译任务。

（二）如何利用图式理论理解和处理信息

1. 建立信息框架：译员在接收信息之前，可以利用图式理论建立一个信息框架，即预测信息可能涉及的方面和范围。建立信息框架可以帮助译员将新接收的信息与已有的知识框架联系起来，从而更好地理解源语言。

2. 激活图式：当译员接收到信息后，需要将这个信息与已有的图式进行联系，从而激活图式。例如，如果发言人提到某个领域，译员可以激活该领域的知识储备来理解发言人的话语，从而更好地进行翻译。

3. 补充图式：如果译员对某个话题或领域不是很熟悉，他可以利用图式理论来补充自己的知识。例如，译员可以查阅相关资料、了解背景信息等，以便更好地理解发言人的话语。

4. 调整图式：如果译员发现自己的图式与发言人的信息不符，他需要及时调整图式，以更好地理解和处理信息。例如，如果发言人的话语超出了译员的知识范围，译员需要迅速调整自己的心态和知识储备，以更好地进行翻译。

总之，利用图式理论理解和处理信息需要译员积极主动地建立信息框架、激活图式、补充图式和调整图式。通过这些方法，译员可以更好地理解源语言和记忆信息，从而提高同声传译的效率。

（三）基于图式理论的同声传译策略

1.预测信息：根据已有的图式理论，译员可以预测发言人即将传达的信息，从而提前做好翻译的准备。例如，如果发言人是在一个专业领域内发言，译员可以预测发言人会提及的该领域的专业知识和术语，并提前做好相关的图式准备。

2.联系已有知识：译员可以将新接收的信息与已有的知识框架联系起来，从而更好地理解源语言。例如，如果发言人提到某个历史事件，译员可以联系已有的历史知识，从而更好地理解发言人的话语。

3.建立信息框架：在翻译之前，译员可以利用图式理论建立一个信息框架，即预测信息可能涉及的方面和范围。建立信息框架可以帮助译员将新接收的信息与已有的知识框架联系起来，从而更好地理解源语言。

4.补充知识：如果译员对某个话题或领域不是很熟悉，他可以利用图式理论来补充自己的知识。例如，译员可以查阅相关资料、了解背景信息等，做好尽量完全的准备，以便更好地理解发言人的话语。

5.总结信息：在翻译之后，译员可以利用图式理论对信息进行总结和归纳，以便更好地记忆和理解信息。例如，译员可以将发言人的主要观点和论据进行归纳和整理，从而更好地理解和记忆信息。

综上所述，基于图式理论的同声传译策略包括预测信息、联系已有知识、建立信息框架、补充知识和总结信息等具体策略。这些策略可以帮助译员更好地理解源语言和记忆信息，从而提高同声传译的质量和效率。

六、情绪调节与同声传译

（一）情绪对同声传译的影响

情绪对同声传译有一定影响。

首先，情绪会影响译员的语言理解能力。当译员情绪不稳定时，其理解能力可能会下降，从而影响翻译的准确性。而情绪波动也可能导致译员在某些时刻无法集中注意力，从而影响翻译质量。

其次，情绪会影响译员的表达能力。当译员感到紧张或焦虑时，可能会出现语言不流畅、口吃或停顿等问题，从而影响翻译的连贯性和准确性。

此外，情绪还会影响译员对口译任务的态度和投入程度。当译员对口译任务充满热情和积极性时，会更加专注于翻译，并努力完成任务。相反，如果译员感到疲惫、无聊或缺乏动力，可能会导致翻译质量下降。

因此，译员需要学会控制自己的情绪，保持冷静和专注。译员可以通过一些方法，例如通过呼吸练习、冥想或放松训练来缓解紧张和焦虑。同时，译员也应该注重自己的心理健康，保持积极的心态和良好的情绪状态，以便更好地完成口译任务。

（二）如何调节情绪，保持专注和冷静

1. 充分准备：在口译任务开始前，译员应该充分准备，尽可能多地了解相关背景信息、专业知识、术语等。充分的准备可以减少因不熟悉话题或领域而产生的紧张和焦虑情绪。

2. 调整呼吸：在感到紧张或焦虑时，译员可以尝试进行深呼吸，将注意力集中在呼吸上，从而放松身体和心情。可以尝试慢慢地吸气，然后慢慢地呼气，让呼吸变得更深沉和稳定。

3. 冥想和放松训练：译员可以尝试进行冥想或放松训练，例如渐进性肌肉松弛法、瑜伽等。

4. 注意力集中训练：译员可以通过注意力集中训练来提高自己的专注力和抗干扰能力。例如，译员可以尝试进行数数训练、舒尔特表训练等。这些方法可以帮助译员在口译过程中更好地集中注意力，忽略其他干扰因素。

5. 心理辅导和团队支持：译员可以通过心理辅导或与同事进行交流来获得支持和鼓励。心理辅导可以帮助译员更好地应对压力和情绪问题，提高自信心和应对能力。同时，与同事进行交流可以获得支持和建议，减轻心理负担。

6. 保持积极心态：译员应该保持积极的心态和良好的情绪状态。译员可以尝试将口译任务视为一次挑战和机会，而不是压力和负担。同时，译员可以尝试与发言人建立良好的沟通和合作关系，以减轻紧张和焦虑情绪。

综上所述，译员可以通过充分准备、调整呼吸、冥想和放松训练、注意力集中训练、心理辅导和团队支持以及保持积极心态等方法来调节情绪，保持专注和冷静，从而更好地完成口译任务。

七、训练和提高同声传译能力

（一）同声传译训练的方法和技巧

1. 影子模仿法：是指在听演讲或预先录制的新闻录音、会议资料等时，近乎同步地用同一种语言进行复述。这种练习的目标是提高译者在听说同步进行的同声传译中的注意力分配能力，并掌握更多技巧。在复述原语时，译员不仅需要模仿，还需要做到一边听（原语），一边说（同种语言复述），一边思考（语言内容）。

2. 原语概述练习：这是影子练习的延续。译员在开始做该类练习时，间隔时间可以相对短一点，在掌握要领之后再逐渐加长。

3. 节奏及时间策略：这涉及对翻译的开始时机的选择。英文的音节数通常会比中文稍微多一些，比如，如果阅读一段中文需要 30 秒，以相同的节奏阅读这段中文的英文译文可能需要超过 35 秒。因此，在朗读中文稿或翻译的英文时，速度可能需要稍稍加快，反过来则需要慢一些。另外，译员可以根据自己的语言掌控能力和瞬间记忆力来决定具体的开始时间。

4. 欧化句式：译员在句子状语结构以及词语的翻译上可以做一些创新。相较于交替传译，同声传译往往来不及按中文句式习惯组织句式，特别是英汉传译，实际操作常需采用英语句式的顺序，避免语序的大幅度调整，保障同声传译的时效性。

（二）如何提高长期记忆、短期记忆和工作记忆在同声传译中的应用

提高长期记忆、短期记忆和工作记忆在同声传译中的应用可以通过以下方法实现：

1. 影子训练：在听发言人讲话或预先录制的新闻音频、会议资料等过程中，译员应使用相同的语言几乎同步进行跟读。此训练的目标是培养译员注意力分配能力以及同步听说的同声传译技巧。当跟读原语时，译员需要做到模仿发音，并确保耳朵在听（原语）、嘴巴在说（以相同语言复述）、思维在理解（语言内容）。

2. 概念化记忆或认知记忆：在同声传译中，译员需要将接收到的信息迅速地与已有的知识框架联系起来，以便更好地理解发言人的意图。这可以通过概念化的记忆或认知记忆来实现。比如，译员需要在数秒内迅速思考与发言中出现的数字、专业词汇、缩写、专有名词等相对应的表达方法，否则这些具体的信息会在短暂的记忆里自我遗忘。长期记忆可以记住那些被大脑储存且超越语言形式的意义，这样的记忆有助于译员更深刻地理解发言人要表达的含义。

3. 充分准备：在口译任务开始前，译员应该充分准备，尽可能了解相关背景信息、专业知识、术语等。通过充分的准备，可以减少因不熟悉话题或领域而产生的紧张和焦虑情绪，从而更好地保持专注和冷静。

4. 调整呼吸：在感到紧张或焦虑时，译员可以尝试进行深呼吸，将注意力集中在呼吸上，从而放松身体和心情。译员可以尝试慢慢地吸气，然后慢慢地呼气，让呼吸变得更深沉和稳定。这种做法可以帮助译员缓解紧张和焦虑情绪，从而更好地保持专

注和冷静。

5. 注意力集中训练：译员可以通过注意力集中训练来提高自己的专注力和抗干扰能力。例如，译员可以尝试进行数数训练、舒尔特表训练等。这些方法可以帮助译员在口译过程中更好地集中注意力，忽略其他干扰因素。

6. 心理辅导和团队支持：译员可以通过心理辅导或与同事进行交流来获得支持和鼓励。心理辅导可以帮助译员更好地应对压力和情绪问题，提高自信心和应对能力。同时，与同事进行交流可以获得支持和建议，减轻心理负担。

综上所述，提高长期记忆、短期记忆和工作记忆在同声传译中的应用需要译员通过不断的学习和实践来积累相关技巧和方法。同时译员也需要注意调整自己的心态和情绪，以便更好地应对口译过程中的挑战和压力。

（三）基于认知理论的同声传译训练策略

1. 理解和运用同声传译中的认知机制。同声传译不仅仅是语言之间的转换，更是认知、理解和分析的过程。因此，理解这个过程中的认知机制，比如注意力分配、工作记忆和长时记忆的运用等，对于提高同声传译能力至关重要。

2. 提高工作记忆效率。根据"威尔逊 - 考恩模型"，工作记忆的容量和效率是同声传译成功的关键。在训练过程中，应着重提高译员的工作记忆效率，如通过影子练习、概念化记忆训练等方法来提高译员的瞬时和短期记忆能力。

3. 利用长时记忆的知识储备。在同声传译过程中，对原语的理解和目的语的表达都需要调用长时记忆中的知识。因此，扩大长时记忆中的知识储备，如通过扩大词汇量、了解不同文化背景和专业知识等，对于提高同声传译质量非常有益。

4. 决策过程训练。根据 Riccardi（莫冉）教授的决策过程模型，同声传译员需要在极短的时间内做出正确的语言转换决策。因此，对同声传译员进行决策过程的训练，比如对特定情境下语言转换策略的训练、对语言差异的理解和运用等，能够提高同声传译的效率和准确性。

总的来说，基于认知理论的同声传译训练策略需要从认知心理学的角度出发，理解和运用同声传译过程中的认知机制，通过各种训练方法提高译员的工作记忆效率、利用长时记忆的知识储备以及决策能力，从而提升同声传译的整体质量。

第四节　同声传译过程认知

一、同声传译的认知要求

同声传译是一种对口译员要求很高、强度很大的工作方式，它要求译员有迅速、精确、熟练的中英文切换能力，以及丰富的知识和灵敏的适应能力。以下是同声传译的认知要求：

1. 快速的语言转换能力：同声传译要求译员具备快速、准确的语言转换能力，能够在极短的时间内将源语言翻译成目标语言，并能够流利地表达出来。

2. 优秀的听力理解能力：同声传译要求译员具备优秀的听力理解能力，能够准确理解发言者的意思，并能够快速地将发言者的内容翻译成目标语言。

3. 广博的知识储备：同声传译要求译员具备广博的知识储备，包括政治、经济、文化、科技等各个领域的知识，以便更好地理解和翻译发言者的内容。

4. 灵活的应变能力：同声传译要求译员具备灵活的应变能力，能够应对各种突发情况，如发言者突然离场、技术故障等，同时需要根据现场情况进行适当的调整和应对。

5. 准确的语义表达能力：同声传译要求译员具备准确的语义表达能力，不仅要准确翻译出字面意思，还要传达出语境和意图，让听众能够准确理解和接受译员所传达的信息。

总之，同声传译的认知要求非常高，译员需要具备高度集中的注意力和快速的语言转换能力，同时还需要具备广博的知识和灵活的应变能力。只有具备了这些认知要求，译员才能够胜任同声传译的工作。

二、同声传译中的感知与理解

同声传译中的感知与理解是译员在口译过程中至关重要的环节，它们直接影响着译员的翻译质量。以下是一些关于同声传译中感知与理解的信息：

1. 感知是指译员在口译过程中对语言、语调、语速、口音以及语篇结构的整体把握和理解。同声传译中译员的感知能力决定了译员是否能准确地捕捉到发言者的信息，进而为接下来的理解奠定基础。

2. 理解是同声传译中译员对感知到的语言信息的解读和内化过程。译员不仅需要理解发言者所表达的表层含义，更需要理解其深层次的语境、情感和意图。这需要译员具备良好的语言能力、背景知识和专业知识等。

3. 同声传译中感知和理解的关系是：感知是理解的基础，只有准确地感知到发言者的语言信息，译员才能进行正确的理解。同时，理解也是感知的深化，译员通过理解发言者的意图和情感，能够更加深入地感知其语言信息。

4. 感知和理解能力的提高：同声传译中译员的感知和理解能力可以通过训练和实践来提高。例如，加强听力训练和提高语言能力，可以帮助译员更好地感知和理解发言者的信息。此外，扩大知识面、了解不同领域的知识和跨文化背景也有助于提高译员的理解能力。

总之，同声传译中译员的感知和理解能力是决定其翻译质量的关键因素。通过不断提高感知和理解能力，译员可以更好地胜任同声传译的工作，为国际交流和合作作出更大的贡献。

三、同声传译认知过程的模型与理论

同声传译是一种高强度、高要求的口译形式，译员需要在短时间内将源语言快速、准确地翻译成目标语言。以下是一些与同声传译认知过程相关的模型和理论：

桂诗春教授的同声传译过程模型：桂诗春教授将同声传译的认知过程划分为三个阶段，即理解阶段、转换阶段和产出阶段。在理解阶段，译员对源语言进行感知、解析、理解；在转换阶段，译员将理解的信息转换成目标语言；在产出阶段，译员将转换后的信息以口头的形式表达出来。

语言学家 Daniel Gile 的认知负荷模型：在他的模型中，Gile 指出，当进行同声传译时，大脑执行三个同时进行的心理任务，即以原语对当前信息片段进行感知和处理，将之前听到的信息保存在记忆中，并以目标语言产生相应的消息。这个模型揭示了译员在口译过程中需要同时进行多种操作，并对有限的认知资源进行动态的重新分配。

王斌教授的同声传译工作记忆模型：王斌教授将同声传译的工作记忆过程视为一个信息处理系统，这个系统包括输入、短期记忆和输出三个环节。输入是指译员对源语言的感知，短期记忆是译员对信息的处理和存储，输出是译员将处理后的信息以目标语言表达出来。

蔡曙山教授的认知心理学视角下的同声传译研究：蔡曙山教授从认知心理学角度出发，将同声传译看作一种认知活动，强调了认知过程和心理操作在口译过程中的重要性。他的研究揭示了译员在口译过程中进行信息的编码、解码、记忆和输出时的心理活动。

这些模型和理论为同声传译的认知过程提供了深入的理解和研究框架。通过研究

这些模型和理论，我们可以更好地了解译员的认知过程和心理操作，为提高同声传译的质量和效率提供理论支持和实践指导。

四、同声传译认知过程的评估与改进

同声传译认知过程的评估和改进是提高译员翻译质量和效率的关键环节。

通过测试和评估译员的认知过程，我们可以了解译员在口译过程中面临的挑战和问题。例如，可以使用脑电技术（EEG）和事件相关电位（ERP）方法来测试译员在同声传译过程中的神经认知活动，从而量化译员在不同任务下的认知负荷和注意力的变化。

根据测试结果，可以针对性地制定改进措施。例如，针对译员在处理信息片段时存在的理解问题，可以加强听力和提高语言能力的训练；针对译员在转换和输出阶段存在的表达问题，可以加强口语训练和翻译实践的积累。

通过模拟真实场景和任务，可以让译员进行实战演练，从而提高其在实际口译场景中的应对能力。例如，可以使用联合国安理会会议等真实场景的录音或视频作为训练材料，让译员进行口译练习，并给予反馈和指导。

可以根据实际需求进行认知过程的优化和调整。例如，针对不同领域、语种和口音的发言者，可以制定特定的口译策略和方法，以便译员更好地理解和应对各种口译任务。

长期来看，可以通过对译员认知过程的持续评估和改进，建立起一个完善的培训和评估体系，从而不断提高译员的翻译水平和综合素质。

总之，同声传译认知过程的评估和改进是提高同声传译质量的关键环节。运用科学的方法和技术，可以深入了解译员的认知过程和心理操作，并针对性地制定改进措施。不断优化和调整口译策略和方法，可以不断提高译员的翻译水平和综合素质，为国际交流和合作提供更好的语言服务。

第四章　交替传译

第一节　交替传译概述

一、定义

口译活动依据划分标准的不同，可以分成不同的类别。按照译员工作模式的不同，口译可分为两大类：交替传译和同声传译。

交替传译（CI），也被称为临时口译、连续翻译、进展式口译、交替或顺序口译等，是一种口译实践，即在演讲者在源语言中完成部分或全部演讲后，译员将演讲者的信息翻译为目标语言。连续口译可以用于各种场合，如新闻发布会、外交会议、商务谈判、陪同口译、法庭听证会等。

同声传译（SI），也被称为并行翻译、同步翻译或同步口译，是一种翻译服务，译员几乎与演讲者以相同的速度用目标语言传达演讲者的信息。这种翻译形式通常用于大型国际会议和培训课程。

在交替传译中，译员会在完全听完源语言发言后才开始翻译，其中会有几十秒到几分钟的短暂延迟；而在同声传译中，翻译和听取源语言发言两个过程几乎是同步进行的，其间的延迟只有几秒钟到十几秒钟，而且有时译员能够成功预测源语言信息，这样延迟时间甚至可能会缩短到零。

交替传译相比于同声传译，具有以下明显优点：译员在翻译前接收的原始语言信息更多，语境更丰富，话语更完整，这将有助于译员更好地理解原语的信息层次而不仅限于语言层次，从而提高理解的效果和效率。深入全面的理解使译员能够在翻译过程中超越简单的语言对应，以更有助于信息传递和交际的方式组织译文，提高翻译的听众友好性，促进听众对原语的理解。另外，译员能够更近距离地与发言人和听众进行交流，例如提示或询问发言人、向听众咨询、组织和推动现场的沟通等。这有利于发言人和听众的互动，并使译员能够实时了解现场的交际情况，为有益的沟通提供及时的干预。

二、类型

根据交替传译的应用背景、社会效用、沟通目标和主题等各类要素的不同，交替传译划分为：会议交替传译（Conference Consecutive Interpreting）、社群交替传译（Community Consecutive Interpreting）以及具有特别目的的交替传译（Consecutive Interpreting for Special Purposes）。

会议交替传译主要在各种谈判、会议和会晤环境中使用，例如政治会晤、商业谈判、礼仪活动、新闻发布会、展示会、媒体招待会、实地工作会议、培训活动、餐饮会议、社交宴会、企业顾客会议或销售会议、报告发布、研究讨论、行业论坛、峰会等。

社区交替传译更贴近人们的日常生活，围绕生活场景和主题，旨在为不同文化和语言的人们提供生活沟通便利。其主要用于就医、置业。

购物、旅游、出行、处理生活纠纷时的交替传译。

具有特别目的的交替传译用于特殊环境或媒体中，如仲裁庭仲裁、看守所提审、法庭庭审等法务口译，宗教礼仪、文化演出、电视广播播报等。

在西方社区，我们经常看到会议、社区和具有特定目的的交替传译；然而，在中国，社区交替传译尚未主流化，具有特别目的的交替传译才刚开始兴起，大多数的交替传译都是在会议中进行的。因此，本文将主要探讨有关会议交替传译的话题。

会议交替传译的使用场合具体介绍如下：

（1）政治对话。政治对话是一种政府高级官员间的交流方式。参加对话的两国最高级别官员进行交谈，其他参与者主要充当听众。翻译是由双方各自安排的，一般会坐在官员的旁边或者后面，负责提供连续翻译。在这种场合，翻译人员通常是由外交部或者各政府外事机构负责安排的。

（2）商业对话。商业对话是一种在企业间或企业与政府部门之间围绕商业问题进行的会议。话题可能从初次接触、深入的商业机会研究和项目可行性研究，到框架协议的签署、项目细节的确定、合同的签订和项目的追踪，都可能包括在商业对话中。企业的采购和供应协商、对客户的开发和回访以及项目招标和投标等也经常需要商业对话。

（3）仪式活动。仪式活动涵盖了国内外政府、企业以及非政府组织之间在启动、结束或成果启用方面的合作研究、规划、设计、发展、生产、建设和推广各种项目。此外，它也包括各种国际论坛、峰会、研讨会和其他重大活动的开幕式和闭幕式等。

（4）新闻发布会、产品推介会以及媒体招待会。这些事件的主要目的是进行公众宣传，通常都会邀请媒体记者出席。新闻发布会是机构为了公布新的信息，如新产品、新技术、新服务、新理念等采取的一种会议形式；而产品推介会指的是机构为了推广新技术、新产品、新服务、新理念，对特定的地区和领域进行介绍的活动。前者主要是信息传递，后者主要体现价值宣传。这两种会议的参与者通常包括发布或推介的机构、合作机构、媒体记者、潜在的消费者以及投资者等。媒体招待会则与新闻发布会、产品推介会相似，一般仅对来自新闻媒体的人士开放。媒体招待会可以采取会议演讲的形式，也可以采取小范围的面对面专访的形式。

（5）现场工作会议。这主要是指在公司的车间、工程地点或者重大活动的筹备现场举行的会议，目的是解决工作中的问题并推动工作的进展。车间现场会议主要关注技术和设备的应用；工程现场会议主要关注工程进度和难题的解决；重大活动的筹备现场会议主要是为了确定各方的职责和协调各方的工作。这些会议通常会有外部人员参加，例如外籍技术专家、设计师、顾问等。

（6）训练研讨会。安排翻译的训练研讨会主要有两种场合：一种是政府部门请外国专家对中方政府职员进行培养，讨论包括管理、绩效、城市与产业规划、环境保护等领域的前沿理论和最佳实例；另一种是跨国公司在我国开发市场、壮大其商业领地时从公司总部派员与新并购公司的员工、分公司或代理处的新职员进行的研讨，或雇用专业咨询机构为公司内部员工做的培训。训练研讨会多是从英文到汉文的口译。

（7）饭局与宴会。饭局主要有早午饭局，其特点是在用餐的同时进行问题讨论和思想交流。这种类型的会议在大型国际会议和跨国公司的会议中尤为常见。一次饭局通常会持续 1~1.5 小时，由 1~2 位主讲者进行讲述。主讲人可能是政府官员，也可能是会议的赞助者。参加饭局的可能是多桌宾客，也可能是在一个大餐桌上。总的来说，饭局的气氛活跃而轻松。宴会一般包括午宴、晚宴等。在宴会开始前，领导或主办方会进行祝酒、欢迎和感谢言辞的口译，这些语言通常比较规范，类似于在礼仪仪式上的口译。

（8）企业每年都会围绕其具体业务运营来举行各类会议，如客户会、销售会、采购会和环境健康安全会等。这些会议的重要性随着产业分工的进一步发展及行业竞争的日益严峻而日益增长，尤其是对跨国公司而言。一般在年末或新年期间，企业会举行客户会和销售会，前者主要是为了答谢忠实的客户，介绍过去的业绩，并展望未来的发展，后者则是为了审视销售状况并设定销售目标。采购会和供应商大会等则关乎供应商管理和采购质量。环境健康安全会，对于化学、能源、医药和机械等行业尤其重要，它们在整个生命周期中，从原材料采购，到产品制造、销售、回收等环节的可持续性管理都是当今炙手可热的议题。

（9）学术讲座和学术讨论。学术讲座主要围绕某个主题或领域来介绍科技的最新发展以及展示学术研究的成果。这样的会议通常会持续半天，由一位或几位报告人进行报告，以报告人为主，听众较少有互动。需要翻译的学术讲座通常以外国报告人为主。学术讨论则是围绕某个主题或领域展开但包括了更多的讨论环节。学术讨论的时间可以从半天到几天不等，通常会根据时间或者不同的会场进行分节，为每个议题安排 3~5 位发言人。在每次发言结束后，会议会预留一段时间进行问答，以便与听众进行互动。一些会议会安排在几次发言结束后进行问答环节的互动，并邀请各发言嘉宾形成专题组进行讨论和回答问题。学术研讨会涉及的领域一般比较窄、深，互动问答与讨论较多。

（10）专业论坛、峰会等活动。各个行业协会会定期举办行业会议，其中包括各种年会、大会、论坛和峰会等。当前，化学、能源、电力、冶金、汽车、IT（互联网技术）、电信、金融等领域的专业会议越来越多。行业会议的主题正日益细化，学科交叉的趋势日益明显，行业边界越来越模糊，跨行业发展使行业链条逐渐延长，行业参与者不断增加，行业生态系统日益复杂。因此，参加行业会议的参与者也在逐渐增多，他们来自此行业相关的各类机构，如政府监管机构、宏观经济研究机构、科研机构、高等学府、企业、协会或学会以及其他非政府组织。行业会议的演讲主题多样化，包括国家政策解读、宏观经济分析、原材料市场分析和预测、行业技术突破和工艺演变、行业企业发展、行业协会或学会的作用、行业监管机构的行动以及行业与金融、期货、交通、物流、IT、环保等领域的结合与交叉等。

三、理解

在交替传译中，理解一词的含义并非只指其字面意义，而是更深层次的对文本意义的领悟。这是因为译员的责任在于传递源语言文本的信息。首先，为了获得精确的理解，译员需要在传译过程中与发言人进行互动，以获得明确的反馈。其次，译员必须有能力从上下文中推断出文本的含义，为此需对源语文本有深厚的理解。最后，为了精确掌握文本含义，译员需在瞬息之间理解和领悟源语文本的真意。因此，在整个过程中，译员必须保持高度的专注，时刻询问自己"发言人究竟想表达什么？"这就需要译员掌握主动倾听策略。主动倾听策略的训练要求译员全神贯注，不应过分专注于单个词汇的含义，而应全面理解源语文本的意思。

第二节　交替传译译员素质

交替传译是一种在多种语言之间进行即时、便捷的信息交流的形式。在国际会议、商务谈判、文化交流等场合中，交替传译扮演着至关重要的角色。要完成成功的交替传译，译员不仅需要具备扎实的语言基础、广泛的知识储备和出色的心理素质，还需要具备高超的交际能力。本节将详细分析这些素质及其在交替传译实践中的作用。

首先，译员需要具备扎实的语言基础。语言是进行口译的基石，包括母语和第二外语的听说读写能力。交替传译员必须对两种或多种语言有深入的理解并能熟练地运用。对于母语，交替传译员应具备良好的听说读写技能，发音清晰、语法正确、用词得当。对于第二外语，掌握足够的词汇量、正确的语法和良好的听力理解能力同样重要。此外，交替传译员还应注重提高自己的语言运用能力，包括准确性和流畅度。良好的语言基础能够保证译员在口译过程中迅速理解并准确地传递信息。

其次，译员需要具备广泛的知识储备。交替传译涉及的领域非常广泛，包括政治、经济、文化、科技等。因此，交替传译员需要不断学习和积累知识，以便应对各种不同的口译场景。他们应关注时事动态，了解不同领域的专业术语和背景知识。此外，良好的跨文化背景也有助于译员更好地理解和适应不同文化环境中的交流方式。这种广泛的知识储备有助于交替传译员在面对复杂的议题和不同的文化背景时，更加准确地理解和传递信息。

最后，译员需要具备出色的心理素质。交替传译员在口译过程中面临着巨大的心理压力。他们必须在紧张的氛围中保持冷静，迅速做出决策并准确地进行翻译。要克服紧张情绪，交替传译员需要具备良好的心理素质，包括自信心和冷静的态度。自信心可以帮助交替传译员在面对挑战时镇定自若，而冷静的态度则有助于他们在紧张的环境中迅速做出正确的决策。为了提高自信心，培养自己冷静的态度，交替传译员可以在实践中积累经验，参加各类模拟口译和实际口译任务。此外，学会调整心态，如保持放松和积极的情绪状态，也有助于提高口译表现。

除了以上三种基本素质外，交替传译员还需要具备高超的交际能力。交际能力对于口译员来说是非常重要的。作为沟通的桥梁，交替传译员的交际能力会直接影响到翻译的效果。良好的交际能力可以帮助交替传译员更好地与说话者、听众以及其他的参与者进行有效的沟通。为了提高交际能力，交替传译员需要注意以下几点：

理解能力：交替传译员应具备良好的理解能力，这包括对语言和非语言信息的理解。在说话者表述时，交替传译员需要准确地把握说话者的意图和信息要点，这样才能够为听众提供准确的翻译。此外，对非语言信息的理解也是非常重要的，例如面部表情、肢体动作等都能提供额外的信息。

听辨技巧：听辨技巧是口译员必备的核心技能之一。在口译过程中，交替传译员需要能够快速地理解说话者的话语并准确地将其翻译出来。这需要良好的听力技巧来帮助其捕捉说话者的声音和语调等细节信息。口译员必须准确地理解说话者的讲话，包括语言、语法、词汇和意图等方面。高超的听辨技巧能够确保口译员传达正确的信息，避免误导或误译。

表达能力：作为口译的关键环节，表达能力决定了翻译的质量。交替传译员需要有清晰的语言表达能力和自然的肢体语言来传递信息。在翻译过程中，交替传译员需要注意语速、语调和声音的大小等因素来确保信息的准确性和易于理解性。表达能力还包括对不同语言的语言风格和文化差异的理解。口译员需要根据语境和文化背景适当地表达信息，以确保信息的传达不会引起误解或冒犯他人。有时，口译员需要传达说话者的情感和语气，这对于某些交流和演讲而言尤为重要。表达能力使他们能够传达说话者的情感，使翻译更具体和准确。

沟通技巧：作为沟通的桥梁，交替传译员需要具备良好的沟通技巧。这包括理解他人的意图、提供清晰的信息和建议、处理冲突和解决问题等。在口译过程中，交替传译员还需要学会如何与各方进行有效沟通以确保信息的准确传递和理解。这包括通过合适的语气、面部表情和肢体动作等方式来传达友好性、专业性，还包括在应对不同口音、语速、口头表达方式和紧急情况时的灵活性。口译员需要能够迅速适应这些变化，以确保传译桥梁有效的搭建。

社交能力：口译员在工作中往往需要与各种不同背景和文化的人进行有效的交流。在口译过程中，交替传译员需要与说话者、听众和其他相关方建立良好的关系。此外，口译员的社交能力架构还包括理解不同文化之间的差异，包括礼仪、习惯、信仰和价值观。社交能力使译员能够了解不同文化，避免冒犯或误解，并能够建立信任和合作的关系，这种社交能力有助于交替传译员在紧张的环境中保持冷静，灵活应对各种挑战。通过建立良好的关系，交替传译员能够更好地了解各方的需求和意愿，从而提供更为准确的翻译服务。

上述技能与素质是成功进行交替传译的关键要素。首先，有了这些技能，译员才能够克服语言和文化方面的障碍，打破沟通障碍，促进不同国家和地区的交流与合作，这种重要性使得交替传译成为当今社会不可或缺的一种职业。随着全球化的不断发展，交替传译技能的需求会变得更加紧迫，因此，在未来，交替传译员还需要具备快速学习和适应新情况的能力。由于要面对不同的场合、领域和语言，交替传译员需要不断更新自己的知识和技能，以适应不断变化的需求。他们需要保持敏锐的观察力和专注力，以便在翻译过程中迅速应对各种突发情况。

其次，交替传译员应具备良好的组织能力和时间管理能力。在实际的口译任务中，他们需要合理安排时间，确保在有限的时间内尽可能准确地翻译出说话者的信息。这需要他们具备高效的规划和协调能力，以应对紧张的日程安排和多任务处理。

再者，为了提高翻译的准确性和效率，交替传译员需要注重细节。在口译过程中，一个小小的错误或疏忽可能会对信息的传递产生严重的影响。因此，交替传译员需要认真倾听、仔细记录，并注意语境、专业术语和特定领域的表达方式，以确保信息传递的准确性和完整性。

最后，交替传译员需要具备高度的职业道德和诚信。作为沟通的桥梁，交替传译员需要严格遵守职业道德规范，保护客户的隐私和机密信息。他们应尊重各方的意愿和要求，保持中立、客观和专业的态度。这种高度的职业道德和诚信有助于建立信任和良好的合作关系，从而为口译任务的顺利进行提供保障。

综上所述，交替传译员需要具备多方面的素质和能力才能胜任这一职业。他们需要具备扎实的语言基础、广泛的知识储备、出色的心理素质和高超的交际能力，同时需要快速学习和适应新情况、具备良好的组织能力和时间管理能力、注重细节以及高度的职业道德和诚信。通过不断提升自身素质和能力水平，交替传译员可以更好地为国际的交流与合作作出贡献。

第三节　交替传译记忆认知

在口译研究领域，交替传译记忆认知一直是一个重要的课题。交替传译员作为语言间的桥梁，其记忆能力对于信息的准确传递与沟通至关重要。本文旨在深入探讨交替传译记忆认知的理论框架、关键技巧及应用实践，以期为提升交替传译员的专业水平提供科学的理论依据和实践指导。

一、交替传译记忆认知的理论框架

交替传译记忆认知可理解为交替传译员在口译过程中，运用自身的语言基础、知识储备、心理素质和交际能力，对源语言信息进行快速、准确的理解、分析和记忆，同时将之有效地传达给目标语言接收者的过程。这一过程涉及语言学、认知科学、心理学等多个学科领域，是交替传译员在语言转换中的专业技能和素质的集中体现。

（一）语言学视角下的交替传译记忆认知

从语言学角度看，交替传译员的记忆认知建立在其扎实的语言知识基础上。这包括对源语言和目标语言的词汇、语法、语篇结构等知识的熟练掌握。此外，对于两种语言的语音、语调、口音等细节的把握也是提高交替传译员记忆认知的关键。从语言学角度讨论交替传译的记忆和认知方面的关键要点列举如下：

语言处理：口译员必须同时处理源语言和目标语言。这需要他们在听到源语言的同时，立即开始构建目标语言的句子。这是一个复杂的认知任务，要求他们具备流利的双语技能和高度的语言处理能力。

信息压缩与摘要：在口译中，口译员通常需要将口头信息进行压缩和摘要，以确保目标语言的表达流畅。他们必须识别关键信息并精练表达，同时保持原文的意思。这涉及语言的深层次理解和思维加工。

（二）认知科学视角下的交替传译记忆认知

从认知科学角度看，交替传译员的记忆认知涉及工作记忆、长时记忆和情境记忆等多个层面。工作记忆负责处理当前接收到的信息，长时记忆负责存储已学过的知识和经验，情境记忆则负责在特定语境中提取相关信息。其中，工作记忆是口译中的关键认知资源。口译员必须在短时间内记住源语言的内容，并将其翻译成目标语言。口译员需要不断更新工作记忆，以应对连续的口译任务。此外，认知科学中的信息处理理论、神经网络理论和模式识别理论等也为提高交替传译员的记忆认知提供了重要的理论支撑。

二、提高交替传译记忆认知的技巧

基于上述理论框架，以下我们将着重探讨几个提高交替传译记忆认知的关键技巧。

（一）掌握有效的记忆方法

在交替传译过程中，信息的瞬时性对记忆提出了很高的要求。掌握一些有效的记忆方法可以在很大程度上提高交替传译员的记忆认知能力。

首先，利用语言间的音韵、字形、语义等相似性来提高记忆效率。例如，对于英语和汉语这两种语言，译员可以利用音韵上的相似性进行快速记忆，比如英语中的辅音 /b/ 和汉语中的"波"在发音上就有相似之处，可以在口译过程中加以联系和记忆。

其次，运用组块策略将相关信息组合成有意义的概念块，以便于整体记忆。例如，对于一些较为复杂的概念或论点，译员可以通过寻找其中的逻辑关系或关联性，将其组合成一个易于理解的整体，从而降低记忆难度。

最后，借助视觉化、形象化的方法来强化记忆效果。在口译过程中，将抽象的信息转化为具体的图像、图表或肢体语言等可以增强信息的直观性和形象性，有助于提高记忆认知。

（二）提升注意力和专注力

交替传译员在口译过程中需要高度集中注意力，对源语言信息进行快速、准确的分析和理解，同时要能够将之有效地传达给目标语言接收者。因此，提升注意力和专注力对于提高交替传译员的记忆认知能力至关重要。以下两种方法有助于提升注意力和专注力：

首先，明确目标，专注于关键信息。在口译过程中，译员要明确自己的任务和目标，专注于关键信息，适当忽略次要信息，以减少注意力的分散。

其次，利用多感官参与记忆。充分利用听觉、视觉和动觉等多种感官来参与信息的接收和记忆过程。例如，当说话者使用某种特殊的肢体语言或口音时，译员可以通过观察其面部表情、手势等来辅助理解其意思。

（三）培养快速反应能力

在交替传译过程中，常常会遇到各种突发情况，如说话者突然改变话题、使用难懂的专业术语等。面对这些情况，交替传译员需要具备快速反应的能力，以应对这些挑战。以下几种方法有助于培养快速反应能力：

首先，训练自己在短时间内对信息的处理能力。这可以通过加强练习、阅读相关材料、参加模拟练习等方式进行。

其次，培养自己对语言和文化的敏感度。语言是文化的载体，对目标语言的文化背景和习惯表达方式有一定的了解，可以帮助交替传译员更好地理解和应对说话者的信息。

最后，学会在紧张的情况下保持冷静。面对压力和紧张的氛围，保持冷静和清晰的思维对于快速反应至关重要。译员可以通过一些放松技巧，如深呼吸、心理暗示等来帮助自己保持冷静。

（四）丰富背景知识

对于交替传译员来说，掌握相关领域的背景知识是提高记忆认知能力的重要方面。背景知识可以帮助交替传译员更好地理解源语言信息，从而更容易地将其转化为目标语言。以下几种方法有助于丰富背景知识：

首先，广泛阅读和学习。译员可以通过阅读书籍、新闻、报告等材料，了解不同领域的专业知识和术语，拓展自己的知识面。

其次，注重跨文化交流。译员可以通过与来自不同国家和文化背景的人交流，了解不同的价值观、习俗和表达方式，从而更好地理解和应对各种情况。

最后，建立自己的词汇库。译员可以将经常遇到的专业术语、难懂词汇等记录下来，进行学习和复习，提高自己在相关领域的语言能力。

三、应用与实践

在实际的交替传译工作中，以上这些理论框架和技巧的应用对于提高记忆认知能力和翻译质量具有重要的实践指导意义。以下我们举两个例子来说明：

第一，在一次国际商务谈判中，由于双方来自不同国家，语言成为沟通障碍。一名优秀的交替传译员运用交替传译记忆认知，准确记录了双方的意见和要求，快速翻译并传达给双方，最终促成了双方的合作。这个例子说明，交替传译记忆认知在商务谈判等正式场合中具有重要的作用。

第二，在一次文化交流活动中，一名交替传译员由于对目标语言的文化背景了解不够，将一个具有特殊文化含义的词翻译错误，导致沟通出现障碍。这个例子说明，背景知识的缺乏可能会对交替传译员的记忆认知和翻译质量产生负面影响。

四、英汉交替口译工作记忆的心理机制

信息处理过程在英汉口译中包括输入、中间处理与输出，其中的核心是中间处理。此过程中，工作记忆的容量（广度）与协调能力显得尤为关键。我们通过口译实践来研究工作记忆在英汉转译过程中的运作机制，探析语言素材在信息处理中间阶段的操作方式。

工作记忆的运行机制涵盖了如编码、翻译等不同的阶段，其中某些阶段可以有所重合，并共同利用大脑的有限的总处理能力。代表性的人物包括 Gerver（革威）和 Lambert（兰伯特）。在 1995 年的《口笔译训练的基本概念与模型》一书中，吉尔提出了"同声传译模式"和"交替传译模式"来阐述口译的工作方式，吉尔模式强调了译员注意力的极限。口译信息处理模式模拟了口译过程，而吉尔的"认知负荷模式"探讨了限制口译操作的因素。口译的解释主义理论由巴黎高等翻译学校提出，其代表人物为塞莱斯科维奇和勒代雷教授，他们创立了解释主义翻译理论中特殊的口译流程，

即理解—从原语言解脱—用另一种语言表达所理解的内容和情感。实际上，释意派口译中的理解涉及利用主题和百科知识，根据沟通环境来理解讲话者的意图和其语言所表达的信息。我们都熟悉的认知过程是脱离语言表面的：感官数据在消失后转变为无感觉的形式知识，这被我们称为认知记忆。译员能成功应对话语的瞬息万变，这让人误以为他们拥有惊人的记忆力。反过来，这有助于我们深入研究语言行为的一个重要现象：意义的传递，它在一个交流者和另一个交流者之间，产生于词语，但不会与词语产生混淆。各种理论有各自侧重的角度，也有类似的地方，需要我们综合梳理。

目前对于口译员工作记忆的核心研究成果主要来自张威（2011）；Daro&Fabbro（1994）；Bajo et al.（2000）。研究表明，口译人员的工作记忆能力显著超过其他领域的人员。专业的口译员的工作记忆能力往往优于口译专业的学生。这说明工作记忆能力与口译的质量有着明显的相关性，工作记忆能力越强，口译的效果也越好。张威（2011）的研究表明：工作记忆的前提是听力辨识，通过积极构建图式，连接长期记忆来理解，实际上理解是以长期记忆为中心的图式。在口译初级阶段，工作记忆能力的进展变化相当明显，与口译处理和效果的关系尤为突出，然而在口译高级阶段，工作记忆的协调能力的提高更为显著，对口译效果的影响更为直接。此外，还包括记忆能力和记忆分配的研究。这里的心理机制是指信息处理中间阶段：工作记忆容量、工作记忆和其他中间处理环节的协调能力等。杨小虎（2009）的研究表明，虽然理论上工作记忆被认为对同声传译处理有重要的影响，但支持这一假设的实证研究却并不常见。滕亿兵（2007）的研究结果展示，工作记忆的容量和交替传译的性能并无显著关联，也就是说，容量的大小并不直接影响交替传译的表现。章忆晶（2008）的研究也指出，工作记忆的广度和英汉交替传译的表现并无明显关系。在《工作记忆理论在国内语言教学研究领域的研究综述》（疯狂英语教师版）中，杜英姝明确指出：由于研究工作记忆对交替传译作用的研究较少且实验设计差异较大，目前还不适合下最终结论。许多最近的研究显示，工作记忆容量以及与其功能密切相关的其他一般认知能力（如选择性注意、协调等）与同声传译处理并无必然联系，而专门知识和技能对改进同声传译处理的表现起到了更实质的作用。总体来看，目前的研究也存在一些问题，对于两者的关系不宜过早下定论。

在研究这个问题时，我们采用了实验设计来对数据进行分析，以研究在交替口译工作记忆的心理机制中，工作记忆广度与口译质量的关系。我们对在2012年全年选择《口译入门》通识选修课的西南民族大学的学生进行了两次问卷调查和测试，同时采访和测试了一些职业译员，全面地分析了职业译员的发展规律。

在西南民族大学进行实验的同时，我们也用同一问题对职业译员进行了访谈、测试和研究。我们访谈了在成都的专业翻译公司的职业译员和在口译市场上的职业译员，对有些译员做了一定的工作记忆广度测试和口译测试。整合所有的问卷、访谈和测试的结果，我们得出一个结论，职业译员的工作记忆能力以及口译质量都会随着工作时间的增长而提高。经过对译员的访谈分析，我们了解到这种不断提升的口译质量是受到了多方面影响的，如实践经验的增加、行业竞争的刺激以及接触不同客户行业的机会等。译员们也提到更频繁的实战体验有助于他们更全面地适应口译这个职业，其中提升工作记忆能力尤为关键。同时，接触更多行业的客户也使得他们能够储备、应用和实操各种语言知识、行业知识和社会知识。这种反复的实战训练，使译员们在准备翻译工作上投入的时间减短，应变能力得到提高，并且积累了经验，使得口译工作变得更加游刃有余。

实验结果表明，学生参与者在各记忆广度组别之间存在记忆能力的显著差距。这种差距在不同句子组别的测试中表现为参与者的记忆能力受到了影响，然而，记忆广度和口译效果的测试之间没有显著关联。通过对职业译员的宏观分析，尤其是在学生到职业译员的过渡阶段，我们认为，随着经验的积累和专业化的深入，工作记忆能力会逐渐增强，而口译效果也会随之提高。要得到更精确的结论我们需要在各个参数的精准分析和深度研究上进行长久的研究，实验需要更细致地区分参与者水平，采用更科学和严格的评分方法，并在操作上确保参与者的专注度。我们在理论验证、教学实践、应用以及提升口译教学方法等各方面也需不断做出努力。

五、结论

交替传译记忆认知是交替传译员的核心技能，对于准确传递信息和促进沟通具有重要的意义。要提高交替传译员的记忆认知能力，需要从掌握有效的记忆方法、提升注意力和专注力、培养快速反应能力以及丰富背景知识等多方面进行综合训练和积累。科学的方法和技巧可以帮助交替传译员更好地应对口译工作中的挑战，提高翻译质量和效率。

六、未来研究展望

尽管我们已经探讨了一些提高交替传译记忆认知的方法和技巧，但是还有很多方面值得进一步研究。例如，对于不同类型的口译任务（如同声传译、连续传译等），记忆认知的特性和挑战是什么？如何针对性地提高相应的技能？此外，未来的研究还可以进一步探讨口译员记忆认知的训练方法、评估标准和发展趋势等问题，为交替传译员的专业发展和口译研究的深入提供更多的理论支撑和实践指导。

第四节　交替传译过程认知

一、交替传译过程认知的理论框架

交替传译过程认知的理论框架旨在解释交替传译员是如何进行信息处理、记忆和表达的。在这个框架下，交替传译被视为一个动态的过程，其中涉及三个主要的阶段：源语言理解、目标语言记忆和信息表达。

1. 源语言理解：源语言理解是交替传译过程的第一步，也是关键的一步。在这个阶段，交替传译员需要快速、准确地理解说话者传达的信息。这涉及对词汇、语法、语篇结构以及非语言因素（如肢体语言和面部表情）的辨识和理解。

2. 目标语言记忆：目标语言记忆是交替传译过程中的另一个关键环节。在这个阶段，交替传译员需要记忆源语言的信息并转化为目标语言的对应表达。记忆过程涉及工作记忆和长时记忆的交互作用，其中工作记忆负责处理当前接收到的信息，长时记忆则负责存储已经处理过的信息和经验。

3. 信息表达：信息表达是交替传译过程的最后一步，也是目标语言接收者最为关注的环节。在这个阶段，交替传译员需要将记忆中的信息准确、流畅地表达为目标语言。这不仅要求交替传译员熟练掌握目标语言的结构和词汇，还要求其具备良好的口语表达能力。

二、影响交替传译过程认知的因素

交替传译过程认知受到多种因素的影响，包括语言熟练度、口译经验、记忆策略、注意力分配和认知负荷等。这些因素相互作用，共同影响交替传译员的认知能力和翻译质量。

1. 语言熟练度：语言熟练度是交替传译过程认知的基础。熟练的语言能力可以帮助交替传译员在源语言理解和目标语言记忆阶段减少认知负荷，提高信息处理效率。

2. 口译经验：口译经验对于交替传译过程认知也有重要影响。有经验的交替传译员可能对特定情境下的信息处理和记忆有更好的理解和策略，从而能够更高效地进行翻译。

3.记忆策略：记忆策略是影响交替传译过程认知的重要因素之一。适当的记忆策略可以帮助交替传译员更好地记忆和理解源语言信息，并将其转化为目标语言。一些常见的记忆策略包括利用语言间的相似性、将信息组合成有意义的块以及借助视觉化手段。

4.注意力分配：注意力分配在交替传译过程中起着至关重要的作用。在口译过程中，交替传译员需要合理分配注意力以有效地处理和理解源语言信息，同时需要将注意力转移到目标语言的表达上。适当的注意力分配策略能够帮助交替传译员更好地应对口译过程中的挑战。

5.认知负荷：认知负荷是指人们在处理信息时所需的认知资源。在交替传译过程中，认知负荷可能受到多种因素的影响，如语言难度、口译场景的复杂性以及信息量的多少等。适当的认知负荷管理可以帮助交替传译员在口译过程中保持高效的认知状态，从而提高翻译质量。

三、提高交替传译过程认知的技巧和方法

以下是一些实用的提高交替传译员的认知能力和翻译质量的技巧和方法：

1.熟练掌握语言技能：熟练掌握源语言和目标语言的词汇、语法和语篇结构是进行高质量交替传译的基础。通过加强语言学习和实践，交替传译员可以减少在口译过程中对认知资源的依赖，提高信息处理效率。

2.积累口译经验：参与各种口译实践，积累丰富的口译经验有助于交替传译员更好地理解口译过程中的挑战和应对策略，从而在面对不同的口译场景时能够更加从容和自信。

3.培养有效的记忆策略：通过培养有效的记忆策略，如利用语言间的相似性、将信息组合成有意义的语块以及借助视觉化手段增强记忆效果，交替传译员可以在口译过程中提高记忆效率。

4.优化注意力分配：在口译过程中，优化注意力分配可以帮助交替传译员更好地处理和理解信息，同时确保将注意力转移到目标语言的表达上。通过练习和反思，交替传译员可以找到适合自己的注意力分配策略，以应对口译过程中的挑战。

5.管理认知负荷：针对可能增加认知负荷的因素，如语言难度、口译场景的复杂性以及信息量的多少，交替传译员可以通过适当的管理认知负荷的技巧，如合理安排口译时间，使用简化和概括策略来降低信息复杂性，以及在必要时采用笔记法，等等，有助于交替传译员在口译过程中保持高效的认知状态，从而提高翻译质量。

交替传译过程认知是一个复杂的过程，涉及诸多因素的相互作用。通过深入理解交替传译的过程认知及其影响因素，并采取有针对性的技巧和方法来提高认知能力和翻译质量，交替传译员可以更好地应对口译过程中的挑战。未来的研究可以进一步探讨交替传译过程认知的神经机制、计算机辅助翻译技术的发展以及口译训练的效果等方面，以提供更为深入和全面的理论与实践指导。

第五节　交替传译口译焦虑认知

一、交替传译口译焦虑的定义与影响

交替传译口译焦虑，也称为交替传译焦虑，是一种在交替传译过程中译员所感受到的紧张、不安和焦虑情绪。这种情绪可能对译员的口译表现产生负面影响，从而影响整个口译任务的完成。

交替传译口译焦虑的定义主要涉及两个方面：情绪和认知。在情绪方面，焦虑表现为译员在交替传译过程中感受到的紧张、不安和焦虑情绪，可能是担心出错、时间紧迫、任务繁重等因素所致。在认知方面，焦虑表现为译员在交替传译过程中出现的注意力不集中、思维迟缓、记忆力减退等症状，这些都可能影响译员的口译表现。

交替传译口译焦虑的影响主要表现在以下几个方面：

1. 对口译质量的影响：焦虑情绪可能导致译员口译时出现偏差、遗漏、误译等现象，从而影响口译的整体质量。

2. 对口译效率的影响：焦虑情绪可能导致译员在口译过程中思维迟缓、反应迟钝，从而影响口译的效率。

3. 对译员身心健康的影响：长期的焦虑情绪可能导致译员出现身体不适、精神压力大等问题，从而影响译员的身心健康。

4. 对口译行业形象的影响：严重的焦虑情绪可能让人们对口译行业的专业能力产生怀疑，从而影响口译行业的形象和发展。

因此，研究和探讨交替传译口译焦虑的定义、影响因素及其应对策略，对于提高交替传译的质量和效率、保护译员的身心健康以及维护口译行业的形象和促进口译行业的发展具有重要的意义。

二、交替传译口译焦虑的来源

交替传译口译焦虑的来源多种多样，可以从内外两个角度进行分析。

（一）内部来源：

1. 缺乏自信：缺乏自信是交替传译口译焦虑常见的原因之一。许多学生译员在面对较为复杂或重要的口译任务时，容易产生自信心不足的情况，从而感到焦虑和紧张。

2. 专业知识不足：在交替传译过程中，如果译员缺乏相关的专业知识，就难以对发言者的内容进行准确的解码和编码，从而产生焦虑情绪。

3. 语言障碍：语言障碍是交替传译口译焦虑的一个重要来源。对于一些语言基础较差的译员来说，他们可能需要花费更多的时间和精力去理解发言者的意思，因此更容易产生焦虑情绪。

（二）外部来源：

1. 任务难度：交替传译任务的难度越大，译员越容易产生焦虑情绪。例如，在一些专业领域，如医学、法律或技术等领域，由于涉及大量专业术语和复杂的概念，译员需要付出更多的努力才能准确传达信息。

2. 时间压力：在时间压力下，译员往往会感到非常紧张和焦虑。例如，在一些紧急情况下，译员需要在很短的时间内完成口译任务，这种压力可能会导致他们出现失误或焦虑情绪。

3. 听众因素：听众的数量和反应也会对译员的焦虑情绪产生影响。例如，在面对大量听众时，译员可能会感到更加紧张和不安。

除了以上原因，一些外部环境因素，如场地陌生、设备故障、天气恶劣等也可能成为交替传译口译焦虑的来源。因此，为了有效地减轻交替传译口译焦虑，译员需要识别并管理这些来源，同时采取适当的应对策略。

交替传译口译焦虑的来源包括但不限于以上所提到的内容，每个译员可能面临的情况都不完全相同。因此，针对焦虑的来源，需要具体问题具体分析，并采取个性化的应对策略。

三、交替传译口译焦虑对口译表现的影响

交替传译口译焦虑对口译表现的影响主要表现在以下几个方面：

1. 交替传译质量下降：焦虑情绪可能导致译员在口译过程中出现偏差、遗漏、误译等现象，从而影响口译的整体质量。

2. 口译效率降低：焦虑情绪可能会导致译员在口译过程中思维迟缓、反应迟钝，从而影响口译的效率。

3. 译员身心不适：长期的焦虑情绪可能会导致译员出现身体不适、精神压力大等问题，如心跳加快、呼吸急促、出汗、口干舌燥等，从而影响译员的身心健康。

4. 译员逃避任务：严重的焦虑情绪可能让某些译员感到难以承受，从而逃避一些重要或复杂的口译任务，这对译员自身和口译行业都不利。

因此，有效管理和减轻交替传译口译焦虑是提高交替传译的质量和效率，保护译员的身心健康，以及维护口译行业的形象和促进口译行业发展所必需的方式。

交替传译口译焦虑对口译表现的影响因人而异，每个译员面临的情况都不完全相同。因此，针对焦虑的影响，需要具体问题具体分析，并采取个性化的应对策略。

四、交替传译口译焦虑的认知机制

交替传译口译焦虑的认知机制是一个复杂的过程，主要包括以下几个方面的内容。

1. 语言理解与记忆：交替传译需要译员在短时间内对发言者的语言进行解码、理解和记忆。这个过程中，译员可能会因为语言难度、语速、口音等因素而感到焦虑。此外，译员还需要对自己的理解能力和记忆力有足够的信心，否则也容易出现焦虑情绪。

2. 注意力分配与分散：在交替传译过程中，译员需要合理地分配和分散注意力，既要关注发言者的语言信息，也要考虑如何准确地翻译出来。如果译员无法有效地分配注意力，就可能会出现焦虑情绪。

3. 认知负荷与压力：交替传译任务往往比较繁重，需要译员在短时间内处理大量的信息。如果译员感到认知负荷过重，或者压力过大，就可能会产生焦虑情绪。

4. 情绪调节与控制：焦虑情绪的产生往往与译员的情绪调节与控制能力有关。如果译员能够有效地调节自己的情绪，控制自己的紧张和不安，就能够在一定程度上减轻焦虑情绪。

交替传译口译焦虑的认知机制是一个复杂的过程，涉及多个方面的因素。因此，针对焦虑机制的认知，需要具体问题具体分析，并采取个性化的应对策略。同时，译员也可以通过不断的学习和实践，提高自己的语言能力、认知能力和情绪调节能力，从而更好地应对交替传译任务。

五、如何管理和减少交替传译口译焦虑

管理和减少交替传译口译焦虑是提高交替传译质量和效率的重要环节。以下是一些有效的应对策略。

1. 做好充分准备：译员在面临重要的交替传译任务时，应做好充分的准备，包括提前了解相关背景知识、熟悉专业术语、准备必要的工具等。这些准备可以增强译员的自信心，减轻焦虑情绪。

2. 提高语言技能：译员应不断提高自己的语言技能，包括听、说、读、写等方面。语言技能的提高可以帮助译员更好地理解发言者的意思，减轻因语言障碍而产生的焦虑情绪。

3. 练习口译技巧：口译技巧的练习可以帮助译员更好地应对交替传译任务，包括快速记忆、准确翻译、语言转换等方面。通过不断的练习，译员可以增强自信心，避免焦虑情绪的产生。

4. 学会情绪调节：译员应学会情绪调节，有效地控制自己的紧张和不安。这可以通过深呼吸、放松肌肉、冥想等方式来实现。此外，译员也可以采取积极的态度面对任务，保持心态平衡，从避免焦虑情绪的产生。

5. 寻求帮助和支持：译员在面对交替传译任务时，可以寻求帮助和支持，包括与同事、老师或学生进行交流、分享经验等。这可以帮助译员减轻心理压力，避免焦虑情绪的产生。

总之，管理和减少交替传译口译焦虑需要译员采取积极主动的态度，不断提高自身的语言技能和认知能力，同时学会情绪调节和寻求帮助与支持。通过不断地实践和学习，译员可以有效地减轻焦虑情绪，提高交替传译的质量和效率。

六、交替传译口译焦虑与其他因素的关系

1. 任务难度和复杂性：任务的难度和复杂性越高，译员越容易产生焦虑情绪。这是因为难度和复杂性越高的任务，需要译员付出更多的努力和认知资源，从而增加了译员的负担和压力。

2. 译员的心理素质：译员的心理素质是影响交替传译口译焦虑的重要因素之一。心理素质较差的译员在面对重要的交替传译任务时，更容易产生焦虑情绪。

3. 译员的性格特点：译员的性格特点也会影响交替传译口译焦虑的程度。性格内向、容易紧张的译员在面对任务时，更容易产生焦虑情绪。

4. 外部环境因素：外部环境因素也会影响交替传译口译焦虑的程度，包括任务时间紧迫、任务压力大、语言环境不熟悉等因素。

总之，交替传译口译焦虑与其他因素存在复杂的关系。任务难度和复杂性、译员

的心理素质、性格特点以及外部环境因素等都可能影响焦虑的程度。因此，针对交替传译口译焦虑的管理和减轻，需要综合考虑各种因素，并采取个性化的应对策略。

七、交替传译口译焦虑的案例分析

以下是一个交替传译口译焦虑的案例分析：

（一）案例背景

某公司需要一名交替传译员来担任一场重要的商务谈判的口译工作。该谈判涉及双方企业的利益和合作，因此对译员的要求非常高。而该交替传译员虽然在过去有一定的口译经验，但从未执行过如此重要的任务，因此感到非常紧张和焦虑。

（二）焦虑表现

在谈判前，该译员感到心跳加速、喉咙发紧、腿脚发软、手心出汗，甚至大脑一片空白。

（三）原因分析

该译员出现焦虑情绪的原因主要有两个方面。首先，她对这次任务的难度和复杂性感到担忧，担心自己无法胜任。其次，她对未知的听众和环境感到不安，担心自己在口译过程中会出现差错或失误。

（四）解决方案

为了有效管理和减轻该译员的焦虑情绪，我们建议采取以下几种应对策略。

1.充分准备：在接到任务后，译员应尽快了解相关背景知识、专业术语和谈判可能涉及的问题。通过充分的准备，增强自信心，避免焦虑情绪的产生。

2.寻求支持：译员可以与同事、老师或学生进行交流，分享经验和技巧。这可以帮助译员减轻心理压力，避免焦虑情绪的产生。

3.学会情绪调节：译员可以采取积极的态度面对任务，保持心态平衡。在口译过程中，可以采取深呼吸、放松肌肉、冥想等方式来调节情绪，保持冷静和专注。

4.寻求医疗帮助：如果译员的焦虑情绪严重影响了口译表现，可以寻求专业医生的帮助。医生可能会建议借助一些抗焦虑药物或心理治疗来帮助译员控制情绪。

（五）经验总结

交替传译口译焦虑是一种常见的心理现象，需要译员充分了解并采取相应的应对策略。通过充分的准备、寻求支持、学会情绪调节等方式，译员可以有效地管理和减轻焦虑情绪，提高交替传译的质量和效率。同时，如果焦虑情绪严重影响了口译表现，译员可以寻求专业医生的帮助。

八、交替传译口译焦虑对口译行业的启示

1. 重视译员的心理素质

交替传译口译焦虑是一种常见的心理现象,但许多口译员并未意识到这一点。因此,口译行业应该更加重视译员的心理素质,提供相关的培训和指导,帮助译员更好地管理和减轻焦虑情绪。

2. 建立支持系统

建立支持系统可以帮助译员减轻心理压力,避免焦虑情绪的产生。这可以包括建立译员之间的交流平台、提供心理咨询服务等。

3. 提高译员的技能水平

提高译员的技能水平可以帮助译员更好地应对口译任务,增强自信心,从而避免焦虑情绪的产生。因此,口译行业应该提供相关的培训和指导,帮助译员不断提高技能水平。

4. 规范口译质量评估标准

口译质量评估标准是影响口译行业发展的重要因素之一。因此,口译行业应该规范口译质量评估标准,建立科学的评估体系,从而帮助译员更好地了解自己的不足之处,进一步提高口译质量。

5. 加大口译研究的力度

口译研究可以帮助我们更好地了解口译员的认知过程、心理状态和影响因素等方面的问题。因此,我们应该加大口译研究的力度,推动口译行业的发展。

总之,交替传译口译焦虑对口译行业的影响不容忽视。口译行业应该从译员的心理素质、支持系统、技能水平、质量评估标准等方面入手,提供更加科学、规范的指导和培训,帮助译员更好地应对口译任务,提高口译的质量和效率。

第六节　交替传译认知负荷压力的应对

交替传译是一种具有挑战性的口译形式,要求译员在短时间内对两种语言进行快速、准确的理解和表达。认知负荷是指人类在处理信息时所需的认知资源,包括注意力和工作记忆。在交替传译过程中,由于信息的复杂性和语言的难度,认知负荷往往较高,可能会对译员的认知能力和翻译质量造成一定的影响。因此,了解如何应对认知负荷压力对于交替传译员来说具有重要意义。

一、策略与技巧

（一）优化语言知识

语言知识是交替传译员的核心能力，也是降低认知负荷的关键。译员需要熟练掌握源语言和目标语言的语法、词汇和语篇结构，以便更快速、准确地理解源语言信息，并将其转换为目标语言。具体而言，交替传译员可以通过以下方式优化语言知识：

其一，定期进行语言训练，提高语言技能和语感；

其二，熟悉不同领域的专业术语和表达方式，以便在遇到相关内容时能够迅速应对；

其三，学习和掌握语言之间的转换技巧，如利用语言间的相似性进行记忆和表达。

（二）练习有效的记忆策略

记忆是交替传译过程中的重要环节。为了提高记忆效率，交替传译员可以采取以下记忆策略：

其一，将信息组织成有意义的块，以便更好地理解和记忆；

其二，利用视觉化手段，将抽象的信息转化为具体的图像和场景，以便更轻松地记忆；

其三，掌握一些记忆技巧，如关联、归纳、演绎等，以便更好地理解和记忆信息。

（三）管理口译场景

口译场景的复杂性可能会增加认知负荷。为了降低负荷，交替传译员可以采取以下策略来管理口译场景：

其一，在口译开始前，对口译场景和相关领域进行充分的了解和研究；

其二，根据口译场景的特点，合理安排口译时间和休息时间，避免长时间连续翻译；

其三，利用合适的概括和简化策略，将复杂的、不熟悉的源语言信息转化为简单的、熟悉的目标语言信息。

（四）利用笔记法

在口译过程中，特别是当源语言信息的语速较快或涉及复杂的专业术语时，笔记法可以帮助交替传译员有效地记录关键信息。通过合理的笔记法，交替传译员可以在不影响语言转换的情况下，更好地应对认知负荷压力。常用的笔记法有以下几种：

其一，符号法：使用简洁的符号或缩写记录关键信息；

其二，垂直缩略词法：将复杂的词组或句子简化为垂直缩略词，方便记忆和表达；

其三，逐字记录法：将源语言关键信息逐字记录下来，以便更准确地回忆和表达。

二、实证分析

为了验证这些策略的有效性，一些研究已经通过实验方法进行了探讨。结果表明，通过优化语言知识、练习有效的记忆策略、管理口译场景以及利用笔记法等策略，交替传译员可以成功地降低认知负荷压力。

在语言知识优化方面，通过定期进行语言训练和提高语言技能，交替传译员在处理源语言信息时会更准确、更迅速，从而降低认知负荷。

在记忆策略方面，通过掌握一些有效的记忆技巧和策略，交替传译员能够更轻松地处理和记忆源语言信息，避免占用认知资源。

在口译场景管理方面，通过了解口译场景的特点并合理安排口译时间和休息时间，交替传译员能够更好地应对口译场景的挑战，降低认知负荷。

在笔记法方面，通过掌握合适的笔记法技巧，交替传译员能够有效地记录关键信息并更好地应对认知负荷压力。

交替传译认知负荷压力是一个普遍存在的问题。通过采取一系列的策略和技巧，交替传译员可以有效地管理他们的认知负荷，提高口译过程中的信息处理效率和质量。这些策略和技巧包括优化语言知识、练习有效的记忆策略、管理口译场景以及利用笔记法等，然而，对于不同的口译场景和个体差异，这些策略的适用性可能会有所不同。因此，未来的研究可以进一步探讨适用于不同口译场景和个体差异的策略和技巧，为交替传译员提供更为全面和实用的指导。

三、交替传译笔记与训练实践

（一）交替传译笔记

1. 实质

交替传译笔记是一种记忆的辅助工具，旨在帮助译者强化各项重点信息，并提高记忆的精确性和效率。与学习笔记和常规会议记录不同，交替传译笔记不是逐字逐句的记录，而仅仅是对核心信息和逻辑的连贯性记录，只表现为一些关键词或译者常用的符号。

另一方面，交替传译笔记和速记有所不同。速记遵循发音规则并用一些固定的速记符号记录原文，其更多的是一个封闭且僵化的体系。相比之下，交替传译笔记更加灵活和开放，它的目标是突出重点，理清关系，使翻译者能快速阅读和概述内容，这是经过翻译者内化、理解和处理的信息。在交替传译笔记中，翻译者可选择使用文字和符号的混合，也可同时用源语言和目标语言记录。

2. 重要性

笔记在交替传译中的运用是一种关键技术。由于口译者的短期记忆能力和保持时间有限，要准确无误地翻译一个较长的段落或篇章，就必须依赖笔记来辅助记忆。

笔记的交替传译可以辅助短期记忆，减少大脑的工作负担并为译员提供必要的提醒，使其能正确全面地翻译发言者的信息。此外，笔记还能再现发言者表述的语篇结构和逻辑关系，协助译员在翻译时梳理思路以生成逻辑性强、结构明确的译文。

3. 侧重点

交替传译笔记应侧重于以下四个方面。

（1）关键词和核心意思

交替传译的目标是传递发言人的语言意义，所以交替传译的笔记应通过标记关键字来引导译者理解接收到的信息的核心含义和目的，并以目标语言呈现出来。

（2）逻辑关系

为了精确地复原发言者的陈述结构和逻辑，交替口译笔记应当捕捉并记录下话语的逻辑联系及过渡词汇。这可以通过文字符号表现出各意思的联系，如转折点、因果关系或时间顺序等。

（3）数字、专有名词和专业术语

与其他信息相比，短期记忆对于数字、专业名词和专有名词等往往难以维持和翻译，因此依赖笔记来增强记忆力。译者需要对数字和专业名词、地点名称、组织名称以及专业术语保持警觉，尽快将相关信息记下。

（4）语篇的开始及结束

笔记中也应该包含一个较长的段落或篇章的起始和结束，这样可以帮助译者更好地理解段落或篇章的联系，并避免不必要的困扰和错误。

4. 记录方式

尽管交替传译笔记的方式因人而异，但是仍有一些通用的原则可供参考：

其一，采取自上而下的竖向结构，纵向记录出语篇的核心信息和逻辑关系，并留出足够的行距以补充必要的信息。

其二，采用多行少字、多画少写的方式，只记录下关键词，而非一字一句地记录；多画线条或箭头提示逻辑关系，而不主要依赖文字表述。

其三，采用一些自己常用的或特殊的符号和缩写，节约记录时间。另外，译员应充分利用已经记下的符号，重复使用，并且避免使用自己不熟悉的符号或缩写。

其四，采用逻辑性强、一目了然的呈现方式，清晰地再现语篇结构和逻辑关系。

（二）交替传译训练实践

在交替传译的过程中，口译员通常会在演讲人结束一段话后暂停并进行翻译，而演讲内容因演讲人不同而异，口译员的训练必须准备应对最糟糕的情况。

1. 基本训练途径

在起始阶段，译员可以使用改编过的简短文章作为训练资料，以进行复述练习，每次用时 5~6 分钟。在初期训练中，避免使用含有复杂内容的书面文章。每一项技能的学习都需要逐步增进，口译训练也不例外，这同样是一个建立自信的过程。

在口译中，逻辑处理是一个极其棘手的部分。译员可能已经准确地翻译了 80% 的文本，但外国人仍然感到困惑。有时，一个微小的连词或内容连接处的不同，都可能导致误解。所以，虽然以简单材料开始，但材料应该有一定的逻辑性。

素材应适当地重塑以供练习使用。重写的目的是让文章更适应口语，口译在初级阶段的任务应是确保整体框架的完整性和逻辑性。

在这个阶段，译员要确保有丰富的训练时间，每天最少训练四个小时，坚持两周，直到掌握内容变得更熟练。

在经过一段时间的初级短篇训练之后，你可以逐步扩充文章长度，适度增加内容难度，但不应选择过于学术化或专业化的主题。这个阶段主要是对记忆的训练，而不是基于内容或语言的训练。练习时间可以延长到 7~10 分钟，重点依然是保持内容逻辑结构的完整性，并确保复述质量。两周的练习主要是为了巩固前面的学习成果，之后可以将训练时间逐渐增加到 15 分钟。这个阶段需要更长的时间来巩固，显然这是对记忆力更高级别的训练需求。在此阶段结束后，训练时间可以控制在大约 10 分钟，但应该更加关注内容的细节。尝试更深入地回忆更多细节，同时始终注意保持整体的框架结构。

2. 训练中的注意要点

所述的基础训练方式是，建议和语言伙伴一起训练，这样可以更好地控制质量评判。因为个人往往难以发现自己在练习中的错误。如果独自训练，应尽可能地遵循上面提出的复述原则，如读后复述、听新闻后复述等。在训练时间和难度方面，应根据上述规则进行调整。

阅读一些关于记忆的论文，了解不同的记忆技巧也是一个很好的方法。每个人都有其特殊的学习方式，但是经过适当的训练，某些技巧可以显著提高记忆力。其中一个值得一提的技巧是图示法，它的主要任务是将需要记住的内容再现（或者想象）成一个图像，以此帮助记忆。例如，你可以想象一次讲话开始时会出现一棵树，然后把你想记住的内容分散到各个树枝上。提高记忆力同样需要不断的实践，因为大脑的灵活性会在用力的思考中得到提高。

第五章　互动研究方法

第一节　口译互动的重要性

一、口译员的角色

口译员在一次交流或互动过程中起着至关重要的作用。他们是信息的传递者和协调者，负责将发言者的信息准确、及时地翻译给听众，并确保信息的准确性和完整性。口译员不仅要具备扎实的语言知识和技能，还需要具备出色的听力、记忆力和快速反应能力，以确保在紧张的氛围中保持冷静，准确翻译。此外，口译员还需要具备良好的沟通技巧和人际交往能力，以应对各种场合和听众的需求。因此，口译员是口译互动过程中不可忽视的重要因素之一。

在交替传译中，口译员的角色更加复杂。他们需要在短时间内处理大量的信息，并在没有准备的情况下进行翻译。此外，他们还需要具备良好的组织能力和注意力分配能力，以应对紧张的氛围和快速的时间压力。交替传译员还需要具备较高的综合素质，包括广泛的知识面、敏锐的观察力和灵活的应变能力等。因此，在交替传译中，口译员的角色不仅关乎语言的转换，还关乎信息的准确传递和听众的满意度。

二、口译互动的多元性

口译互动的多元性体现在多个方面。

首先，口译员需要具备扎实的语言知识和技能，包括源语言和目标语言的语法、词汇、语音等方面的能力。此外，口译员还需要具备出色的听力、记忆力和快速反应能力，以确保在紧张的氛围中保持冷静，准确翻译。

其次，口译员还需要具备良好的沟通技巧和人际交往能力，以应对各种场合和听众的需求。这包括了解不同国家和地区的文化、礼仪和习惯，以便更好地与听众进行沟通和交流。

最后，口译员需要具备较高的综合素质，包括广泛的知识面、敏锐的观察力和灵活的应变能力等。

综上所述，口译互动的多元性不仅要求口译员具备扎实的语言知识和技能，还需要具备良好的沟通技巧和人际交往能力，并具备较高的综合素质以应对不同场合和听众的需求。

三、口译互动的情境因素

口译互动的情境因素也是口译研究中不可忽视的方面。

口译互动的情境因素包括时间、地点、场合、听众、发言人等多个方面。这些因素会对口译员和整个互动产生影响。例如，在不同的场合中，口译员需要采用不同的翻译策略和技巧，以适应不同场合的需求。

此外，听众和发言人的背景和文化也是影响口译互动的重要因素。例如，不同国家和地区的文化背景和语言习惯会对口译员的翻译产生影响。因此，口译员需要具备跨文化意识，了解不同国家和地区的文化、礼仪和习惯，以便更好地与听众和发言人进行沟通和交流。

综上所述，口译互动的情境因素是多种多样的，需要口译员具备丰富的经验、敏锐的观察力和灵活的应变能力，以便更好地应对不同的情境和听众需求。

四、口译互动的认知过程

口译互动的认知过程是一个复杂的多任务并行过程，包括信息感知、记忆、提取、编码、存储、解码和再表达等一系列认知处理环节。

在口译互动过程中，口译员需要快速地感知和理解发言人的语言和非语言信息，包括语音、语调、语速、表情、肢体语言等。同时，口译员还需要注意和记忆发言人的信息，并在短时间内将其转化为目标语言进行表达。

此外，口译员还需要根据不同的情境和听众需求，采用不同的翻译策略和技巧，以准确、清晰地传达发言人的信息。例如，在正式场合中，口译员需要更加注重语言的准确性和规范性，而在非正式场合中，口译员则可能需要更加灵活地处理语言和文化差异。

总之，口译互动的认知过程是一个高度复杂的认知过程，需要口译员具备出色的听力、记忆力和快速反应能力以及良好的沟通技巧和人际交往能力。同时，口译员还需要具备跨文化意识和灵活的应变能力，以便更好地应对不同的情境和听众需求。

第二节 互动研究方法的选择与设计

一、自然观察法

自然观察法是一种常用的社会科学研究方法，在口译互动研究中也被广泛采用。自然观察法是指在自然环境中对研究对象进行观察和研究的方法，不需要对研究对象进行干预或控制。

在口译互动研究中，自然观察法可以帮助研究者了解口译员在实际情境中的表现和行为，以及口译员与听众和发言人的互动情况。研究者可以通过观察口译员的言语和非言语行为，了解口译员的语言水平和翻译技巧，以及口译员如何处理不同的情境和听众需求的。此外，研究者还可以观察口译员与听众和发言人之间的互动情况，了解口译员是如何应对不同的挑战和困难的。

自然观察法的优点是可以获得真实自然的数据，不受研究者的主观影响。但是，自然观察法也存在一些局限性，如研究者可能无法获得全面的数据，因为口译员的行为可能会受到多种因素的影响。此外，自然观察法需要花费大量的时间和精力，因为研究者需要对研究对象进行长期的观察和研究。

在口译互动研究中，自然观察法常常与其他研究方法相结合，以获得更全面的研究结果。例如，研究者可以采用问卷调查法或访谈法来收集口译员和其他参与者的背景信息和主观感受，以便更好地理解口译互动的情况和影响因素。

总之，自然观察法是一种重要的口译互动研究方法，可以帮助研究者获得真实自然的数据，了解口译员在实际情境中的表现和行为。但是，研究者需要充分考虑自然观察法的局限性和花费大量时间和精力的成本。

二、语料库分析法

语料库分析法是一种基于大量文本数据的研究方法，旨在发现和分析语言使用的规律、趋势和特征。在口译互动研究中，语料库分析法可以用来研究口译员的翻译策略和技巧，以及口译员与其他参与者的互动关系。

语料库分析法的优点是可以提供大量的真实语料，从而使得研究结果更加具有真实性和可靠性。

但是，语料库分析法也存在一些局限性。首先，语料库的代表性是一个重要的问题。由于口译互动的多样性和动态性，语料库可能并不能完全代表口译互动的所有方面和实际情况。其次，对语料库进行标注和分析需要消耗大量的人力和物力资源，而且标注的质量和准确度也会影响研究结果。最后，语料库分析法无法涵盖所有的口译互动情境，如外交谈判、商务会议等，从而影响了其应用范围。

因此，研究者在选择语料库分析法进行口译互动研究时，需要充分考虑其优缺点和适用范围。一般来说，语料库分析法适用于研究某些特定领域或情境下的口译员表现和策略，例如医疗翻译、法律翻译等。同时，语料库分析法还可以用来研究口译员与其他参与者的互动关系，例如沟通方式、合作模式等。

总之，语料库分析法在口译互动研究中具有重要的作用和价值，可以帮助研究者深入了解口译员的翻译策略和技巧，以及口译员与其他参与者的互动关系。但是，研究者需要充分考虑语料库分析法的局限性和适用范围，以保证研究结果的准确性和可靠性。

三、实验法

实验法是一种通过控制某些变量来研究变量因果关系的方法。在口译互动研究中，实验法可以用来研究口译员在不同情境下表现出的技能和策略，以及口译员与其他参与者的互动关系。

实验法的优点是可以将变量控制得非常严格，使得结果更加具有科学性和可靠性。同时，实验法还可以通过模拟真实场景来研究口译员的反应和表现，从而使得研究结果更加具有实际意义和应用价值。

但是，实验法也存在一些局限性。首先，实验法需要投入大量的人力和物力资源，包括场地、设备、人员等。其次，实验法需要经过精心设计，包括实验条件、实验材料、实验程序等。最后，由于口译互动的复杂性和动态性，实验结果可能会受到多种因素的影响，从而影响结果的准确性和可靠性。

因此，研究者在选择实验法进行口译互动研究时，需要充分考虑其优缺点和适用范围。一般来说，实验法适用于研究某些特定情境下的口译员表现和策略，例如外交谈判、商务会议等。同时，实验法还可以用来研究口译员与其他参与者的互动关系，例如沟通方式、合作模式等。

总之，实验法在口译互动研究中具有重要的作用和价值，可以帮助研究者深入了解口译员的技能和策略，以及口译员与其他参与者的互动关系。但是，研究者需要充分考虑实验法的局限性和适用范围，以保证研究结果的准确性和可靠性。

四、问卷调查法

问卷调查法是一种以书面形式向研究对象收集信息的方法。在口译互动研究中，问卷调查法可以用来研究口译员对特定问题的看法、态度和感受以及口译员与其他参与者的互动关系。

问卷调查法的优点是可以以较低的成本快速收集大量数据。通过问卷调查，研究者可以向口译员和其他参与者收集关于他们口译互动的看法和感受，从而获得更多的定量数据支持。此外，问卷调查法还可以通过统计分析方法对数据进行处理和分析，以发现更多的研究线索和结果。

但是，问卷调查法也存在一些局限性。首先，问卷调查的结果可能会受到口译员和其他参与者的主观影响，从而影响数据的真实性和可靠性。其次，问卷调查需要口译员和其他参与者的积极配合，如果他们的参与意愿不高，可能会影响数据的数量和质量。最后，问卷调查只能收集到已经存在的问题和看法，而无法涵盖所有的口译互动情境和问题，从而影响了其应用范围。

因此，研究者在选择问卷调查法进行口译互动研究时，需要充分考虑其优缺点和适用范围。一般来说，问卷调查法适用于研究某些特定领域或情境下的口译员看法、态度和感受，例如医疗翻译、法律翻译等。同时，问卷调查法还可以用来研究口译员与其他参与者之间的互动关系，例如沟通方式、合作模式等。

总之，问卷调查法在口译互动研究中具有重要的作用和价值，可以帮助研究者快速收集大量的定量数据。但是，研究者需要充分考虑问卷调查法的局限性和适用范围，以保证数据的真实性和可靠性。

五、访谈法

访谈法是一种通过与研究对象的口头交流来收集信息的方法。在口译互动研究中，访谈法可以用来了解口译员的经历、观点和感受以及口译员与其他参与者的互动关系。

访谈法的优点是可以获得研究对象的直接反馈和真实感受。通过访谈，研究者可以深入了解口译员的思维过程、应对策略以及在口译互动中的表现。此外，访谈法还可以通过与研究对象的交流，建立互信关系，从而获得更多的信息和数据支持。

但是，访谈法也存在一些局限性。首先，访谈的结果可能会受到口译员和其他参与者的主观影响，从而影响数据的真实性和可靠性。其次，访谈需要口译员和其他参与者的积极配合，如果他们的参与意愿不高，可能会影响数据的数量和质量。最后，访谈只能收集到已经存在的问题和看法，而无法涵盖所有的口译互动情境和问题，从而影响了其应用范围。

因此，研究者在选择访谈法进行口译互动研究时，需要充分考虑其优缺点和适用范围。一般来说，访谈法适用于了解某些特定领域或情境下的口译员经历、观点和感受，例如医疗翻译、法律翻译等。同时，访谈法还可以用来了解口译员与其他参与者的互动关系，例如沟通方式、合作模式等。

总之，访谈法在口译互动研究中具有重要的作用和价值，可以帮助研究者深入了解口译员的思维过程、应对策略以及在口译互动中的表现。但是，研究者需要充分考虑访谈法的局限性和适用范围，以保证数据的真实性和可靠性。

第三节　数据收集与分析

一、数据收集的策略与技巧

在口译互动研究中，数据收集的策略与技巧主要包括以下几个方面。

1.制定明确的收集目标：在数据收集之前，研究者需要明确研究问题和目标，并制定相应的收集计划。例如，研究者可以确定收集与口译员表现、翻译策略、互动关系等相关的数据，并针对这些方面设计收集方案。

2.选择合适的数据来源：数据来源是数据收集的关键因素之一。在口译互动研究中，数据来源可以包括口译员、其他参与者、观察者和相关文献等。研究者需要根据研究问题和目标选择合适的数据来源，并采取相应的收集方法。

3.设计有效的收集工具：有效的收集工具可以帮助研究者更好地收集数据。在口译互动研究中，收集工具可以包括问卷、访谈提纲、观察表等。研究者需要根据研究问题和目标，设计有效的收集工具，并确保工具的可靠性和有效性。

4.确定数据的处理和分析方法：在数据收集之前，研究者需要确定数据的处理和分析方法。例如，研究者可以采用描述性统计、因素分析、回归分析等方法来处理和分析数据。这可以帮助研究者更好地理解数据，并得出有效的结论。

5.遵循伦理规范：在数据收集过程中，研究者需要遵循相关的伦理规范，如保护参与者的隐私和权益，获得参与者的知情同意，等等。同时，研究者还需要注意数据的保密性和安全性，以避免数据的泄露和滥用。

6.建立数据收集的标准化程序：在口译互动研究中，数据收集可能会涉及多个阶段和不同的研究者。为了确保数据的准确性和可靠性，研究者可以建立一套标准化的数据收集程序，包括统一的收集工具、统一的收集方法和统一的编码方式等，以确保不同阶段和不同研究者的数据具有可比性和一致性。

7. 利用技术手段进行数据收集：随着科技的发展，研究者可以利用各种技术手段进行数据收集，如录音、录像、在线问卷等。这些技术手段可以大大提高数据收集的效率和准确性，同时可以对数据进行自动化的处理和分析，从而提高了研究的效率和可靠性。

总之，在口译互动研究中，数据收集的策略与技巧是确保研究质量和准确性的关键环节。研究者需要制定明确的收集目标、选择合适的数据来源、设计有效的收集工具、确定数据的处理和分析方法、遵循伦理规范、建立数据收集的标准化程序以及利用技术手段。这些策略和技巧可以帮助研究者更好地收集和分析口译互动的相关数据，从而得出准确的结论和提出有效的建议。

二、数据整理的方法

在口译互动研究中，数据的整理是数据分析的重要环节之一，其方法包括以下几个方面。

1. 数据清洗：数据清洗是数据整理的第一步，主要是对数据进行预处理和纠错。例如，可以去除重复数据、修正错误数据、处理缺失值等。数据清洗可以提高数据的质量和可靠性，为后续的数据分析打下良好的基础。

2. 数据转化：数据转化是将原始数据进行转换，使其符合数据分析的要求。例如，可以将定性数据转化为定量数据，将文字信息转化为数值信息等。数据转化可以提高数据的可分析性和可理解性，使数据分析更加方便和有效。

3. 数据合并：数据合并是将多个数据源的数据进行合并，形成一个完整的数据集。例如，可以将不同时间段的调查数据进行合并，将多个观察表的数据进行合并，等等。数据合并可以提高数据的完整性和准确性，使数据分析更加准确可靠。

4. 数据计算：数据计算是对数据进行计算和统计，以得出有用的数值结果。例如，可以计算均值、方差、相关系数、回归系数等统计指标，以便对数据进行分析和解释。数据计算可以提高数据的精确度和可操作性，使数据分析更加准确和实用。

总之，在口译互动研究中，数据的整理可以帮助研究者更好地理解和分析数据，提高数据的可操作性和可分析性。因此，研究者需要重视数据的整理工作，并采用科学合理的方法进行整理。

三、数据分析的工具与技术

在口译互动研究中，数据分析的工具与技术主要包括以下几种：

1. 统计分析软件：统计分析软件如 SPSS（社会科学统计软件包）、SAS（统计分析系统）、Stata 等是进行数据分析的重要工具之一。这些软件可以帮助研究者进行数据的描述性统计、因素分析、回归分析等，从而得出有效的结论。

2. 数据可视化工具：数据可视化工具可以帮助研究者将数据进行可视化展示，如 Excel、Tableau 等。这些工具可以将数据以图表、图像等形式呈现，帮助研究者更好地理解数据和发现规律。

3. 文本分析软件：文本分析软件可以帮助研究者进行文本数据的分析，如 Ant-Conc、Word Smith 等。这些软件可以对文本数据进行词频分析、关键词提取、语义网络分析等，从而对口译员的翻译策略和表现进行深入研究。

4. 社交网络分析工具：社交网络分析工具可以帮助研究者对社交媒体等数据进行网络结构分析，如 Gephi、NetDraw 等。这些工具可以将参与者的关系以网络结构的形式呈现，从而对口译员与其他参与者的互动关系进行深入研究。

5. 质性分析软件：质性分析软件可以帮助研究者对访谈等文本数据进行深入的质性分析，如 NVivo 等。这些软件可以对文本数据进行关键词提取、主题建模等，从而对口译员的思维过程和应对策略进行深入研究。

总之，在口译互动研究中，数据分析的工具与技术是提高研究质量和效率的关键环节。研究者可以根据研究问题和目标，选择合适的数据分析工具和技术，对口译互动的相关数据进行深入的分析和挖掘，从而得出准确的结论和提出有效的建议。

四、有效数据的判断标准

在口译互动研究中，有效数据的判断标准主要包括以下几个方面。

1. 可靠性：数据是否真实可靠是判断有效数据的重要标准之一。研究者需要采取各种措施来保证数据的可靠性，如控制实验条件、进行重复测量、采用盲法等。

2. 准确性：数据的准确性是判断有效数据的另一个重要标准。研究者需要采取各种措施来保证数据的准确性，如使用标准化的数据收集工具、进行数据清洗和转化等。

3. 可比性：数据的可比性是指在不同时间和空间使用同一测量方法获得的数据具有可比性。研究者需要在数据收集和分析过程中保持一致性，以提高数据的可比性。

4. 完整性：数据的完整性是指所获得的数据集是否完整、全面，是否符合研究问题的要求。研究者需要尽可能收集全面的数据，以避免数据的不完整或不全面导致研究结果的不准确。

5. 可解释性：数据的可解释性是指数据的含义和解释是否清晰明确，易于理解。研究者需要使用标准的术语和编码方式进行数据收集和分析，以提高数据的可解释性。

总之，在口译互动研究中，有效数据的判断标准包括可靠性、准确性、可比性、完整性和可解释性。研究者需要采取各种措施来保证数据的可靠性、准确性和可比性，尽可能收集全面的数据，并使用标准的术语和编码方式进行数据收集和分析，以提高数据的可解释性和可操作性。只有这样，才能得出准确的结论和提出有效的建议，从而更好地为口译实践提供指导和支持。

第四节　借助技术的研究工具

一、语音识别软件

在口译研究中，语音识别软件可以用于以下几个方面。

1. 语音转文字：语音识别软件可以将口译员的语音转换成文字，以便进行后续的数据分析和研究。这种转换可以帮助研究者更好地理解口译员的翻译策略和技巧，以及对口译员与其他参与者的互动关系进行深入研究。

2. 语速和语调分析：语音识别软件可以对口译员的语速和语调进行分析，从而帮助研究者了解口译员的表达方式和情感态度。这种分析可以帮助研究者评估口译员的翻译质量和效果，并提出相应的改进建议。

3. 情绪分析：语音识别软件还可以对口译员的情绪进行分析，从而帮助研究者了解口译员在不同情境下的情感反应。这种分析可以帮助研究者更好地理解口译员的思维过程和应对策略，并对口译员与其他参与者的互动关系进行深入研究。

4. 实时翻译：语音识别软件可以实现实时翻译，从而为口译员提供更好的翻译支持和辅助。这种实时翻译可以帮助口译员更好地应对各种复杂的语言和情境，提高口译质量和效果。

总之，语音识别软件在口译研究中具有重要的应用价值，可以帮助研究者更好地了解口译员的翻译策略、技巧和情感态度，从而提高口译的质量和效果。

二、文字转录工具

文字转录工具在口译中具有以下应用。

1. 文字转录：文字转录工具可以将口译员的口述内容转换成文字，帮助研究者记录和整理口译数据。这种文字转录可以提高数据收集的准确性和效率，减少人为因素对数据收集和处理的影响。

2. 实时翻译：文字转录工具可以实现实时翻译，将口译员的翻译内容快速准确地转换成目标语言。这种实时翻译可以帮助口译员提高翻译质量和效率，减少翻译错误和误解的可能性。

3. 语速和语调分析：文字转录工具可以对口译员的语速和语调进行分析，帮助研究者了解口译员的表达方式和情感态度。这种分析可以帮助研究者评估口译员的翻译质量和效果，并提出相应的改进建议。

4. 情绪分析：文字转录工具还可以对口译员的文字内容进行分析，帮助研究者了解口译员在不同情境下的情感反应。这种分析可以帮助研究者更好地理解口译员的思维过程和应对策略，并对口译员与其他参与者的互动关系进行深入研究。

总之，文字转录工具在口译研究中具有重要的应用价值，可以帮助研究者提高数据收集的准确性和效率，实现实时翻译，并对口译员的翻译策略、技巧和情感态度进行分析和研究。

三、数据分析软件

数据分析软件在口译研究中有以下应用。

1. 数据清理和处理：数据分析软件可以帮助研究者进行数据清理和处理，包括数据格式转换、缺失值处理、异常值处理等。这种处理可以帮助研究者提高数据的质量和可靠性，为后续的数据分析打下良好的基础。

2. 描述性统计：数据分析软件可以进行描述性统计，例如计算口译员翻译的单词数量、翻译时间、翻译准确率等指标。这种统计可以帮助研究者了解口译员的表现和特点，为后续的数据分析提供基础数据。

3. 因素分析：数据分析软件可以进行因素分析，例如探索口译员翻译准确率的影响因素。这种分析可以帮助研究者了解影响口译员翻译准确率的多种因素的关系和作用机制。

4. 回归分析：数据分析软件可以进行回归分析，例如研究口译员的翻译准确率与翻译时间之间的关系。这种分析可以帮助研究者了解口译员翻译准确率的影响因素和规律，为后续的口译训练和实践提供指导。

5. 文本分析：数据分析软件可以对口译员的翻译文本进行文本分析，例如关键词提取、主题建模等。这种分析可以帮助研究者深入了解口译员的翻译策略、技巧和情感态度，并对口译员与其他参与者的互动关系进行深入研究。

总之，数据分析软件在口译研究中具有重要的应用价值，可以帮助研究者提高数据处理的准确性和效率，并进行深入的数据分析和挖掘。这些分析和挖掘可以为口译训练和实践提供指导和支持，并推动口译学科的发展。

四、可视化工具

可视化工具在口译中有以下应用：

1. 数据可视化：可视化工具可以将口译研究中的数据进行可视化展示，例如将口译员的翻译时间、翻译准确率等指标以图表或图形的方式呈现。这种可视化形式可以帮助研究者更好地理解数据和发现规律，更易于发现和分析问题。

2. 文本可视化：可视化工具可以对口译员的翻译文本进行可视化展示，例如将翻译文本中的关键词、主题等以词云图、知识图谱等方式呈现。这种可视化形式可以帮助研究者深入了解口译员的翻译策略、技巧和情感态度，并对口译员与其他参与者的互动关系进行深入研究。

3. 交互式可视化：可视化工具可以帮助研究者实现交互式可视化，例如通过用户界面让研究者自由选择可视化的内容、形式和角度等。这种可视化可以帮助研究者更灵活地探索和分析数据，提高数据挖掘的效率和质量。

4. 可视化教学：可视化工具可以帮助口译员进行可视化教学，例如将口译过程中的思维过程、翻译技巧等以图形或动画的方式呈现给学生。这种可视化形式可以帮助学生更好地理解和掌握口译技能，提高口译训练的效果和质量。

总之，可视化工具在口译中具有重要的应用价值，可以帮助研究者更好地了解和分析口译数据，深入探索口译员的翻译策略、技巧和情感态度，并推动口译学科的发展。同时，可视化工具也可以帮助口译员进行可视化教学，提高口译训练的效果和质量。

五、虚拟现实／增强现实技术

虚拟现实（VR）和增强现实（AR）技术在口译中具有以下潜在应用。

1. 情景模拟：VR/AR 技术可以创建高度仿真的现实环境，用于模拟口译员可能遇到的各种情境，如国际会议、会谈、演讲等。这种模拟可以帮助口译员在各种实际场景中更好地应用他们的翻译技能。

2. 情感模拟：VR 技术可以模拟不同的情感状态，例如紧张、平静、兴奋等，这可以帮助口译员更好地理解并应对不同的情绪状态，提高他们在环境压力下的翻译能力。

3. 语言环境模拟：VR 技术可以模拟各种语言环境，包括不同的文化背景、方言等，这可以帮助口译员更好地理解和适应不同的语言环境，提高他们的跨文化交流能力。

4. 实时翻译：AR 技术可以实现实时的语音或文字翻译，帮助口译员更好地应对跨语言交流的挑战。例如，可以将口译员翻译的内容实时地以文字或语音的形式展示出来，从而减少因语言障碍带来的交流障碍。

5. 培训与反馈：VR/AR 技术可以提供实时的反馈和评估，帮助口译员了解他们的翻译质量和效率。例如，通过分析口译员的翻译速度、准确度以及情感表达等因素，为口译员提供具体的反馈和建议。

尽管 VR/AR 技术在口译中的应用尚处于起步阶段，但其巨大的潜力预示着其在未来会被广泛应用，然而，这也需要更多的研究来探索如何最有效地利用这些技术来提高口译员的技能和表现。

第六章 顺句驱动视角下的口译核心维度互动机制

第一节 顺句驱动视角的概述

一、顺句驱动视角的基本理念和原则

顺句驱动视角的基本理念和原则主要有以下几点。

1. 顺从语言的自然流淌：顺句驱动视角强调译员在口译过程中应顺从语言的自然流淌，避免过多地切断语言的连贯性和流畅性。这意味着译员需要遵循语言的语法和表达习惯，尽量将源语言的信息自然而然地传递给目标语言的听众。

2. 注重语境信息的把握：顺句驱动视角强调译员在口译过程中应注重语境信息的把握，包括语言上下文、讲话者的身份、讲话场合和听众背景等。译员需要理解并传递这些语境信息，以帮助目标语言听众更好地理解和接受源语言的信息。

3. 保持信息准确完整传达：顺句驱动视角强调译员在口译过程中应保持信息的准确完整传达，避免出现信息遗漏或误传的情况。译员需要理解讲话者所要表达的全部信息，并将其准确地传递给目标语言的听众。

4. 适当运用翻译策略：顺句驱动视角强调译员在口译过程中应根据具体情况适当运用翻译策略，如调整语速、语调、词汇和句子结构等。译员需要灵活运用翻译策略，以适应不同的语言和场景，确保信息的准确传递。

5. 与听众建立良好的沟通：顺句驱动视角强调译员在口译过程中应与听众建立良好的沟通，包括与听众进行眼神交流、听取反馈和解答疑问等。译员需要与听众建立良好的互动关系，确保信息的准确传递和理解。

二、顺句驱动在口译中的重要性

顺句驱动在口译中具有非常重要的作用。由于口译员需要在短时间内快速理解和传达发言者的信息，同时要处理多任务工作，因此，顺句驱动原则的使用在同声传译

中不可或缺。

首先，顺句驱动可以帮助口译员更好地理解和处理源语言的结构。口译员可以按照句子的顺序把句子切成一个个的意群，再把这些意群单位自然地连接起来，翻译出整体原意。

其次，顺句驱动可以帮助口译员更好地应对口译过程中的时间限制。口译员需要在短时间内完成信息的接收、理解和传递，而顺句驱动可以帮助口译员快速地处理语言信息，保持语言的连贯性和完整性。

最后，顺句驱动可以帮助口译员更好地与听众进行沟通。口译员可以通过顺句驱动原则，更好地将源语言的信息流利地传递给目标语言的听众，同时可以通过适当的翻译策略，如调整语速、语调、词汇和句子结构等，更好地适应不同的语言和场景，确保信息的准确传递和理解。

总之，顺句驱动在口译中具有非常重要的作用，可以帮助口译员更好地理解和处理源语言的结构，应对口译过程中的时间限制，以及更好地与听众进行沟通。因此，在口译培训中，应该注重顺句驱动原则的培养和应用。

第二节　口译核心维度

在口译过程中，准确性、流畅性和得体性被认为是口译的三个核心维度。

1.准确性：口译员的首要任务是准确地传达信息。准确性包括对源语言的理解准确无误，以及用目标语言准确表达原文的意思。口译员必须确保传达的信息与原发言者的意图完全一致，避免误解或歧义。

2.流畅性：流畅性是指口译员在翻译过程中语言的连贯性和表达的流畅性。口译员需要将源语言的信息自然地、不间断地传递给目标语言的听众，确保信息的流动不受阻碍。流畅的翻译有助于听众更好地理解和接受信息。

3.得体性：得体性是指口译员在翻译过程中语言的礼貌、谦逊和适宜性。口译员需要考虑到听众的文化背景和语言习惯，选择适当的词汇和表达方式，确保翻译不会引起听众的不适或误解。同时，口译员还需要与发言者和听众建立良好的互动关系，保持适当的交流氛围。

这三个核心维度共同影响着口译的质量和效果。口译员需要注重提高这些方面的能力，以便更好地完成口译任务。

准确性、流畅性和得体性这三个维度在不同语境下的重要性可能有所不同。以下是一些常见语境下这些维度的重要性：

正式场合：在正式场合下，如国际会议、外交会谈、法律程序等，准确性是首要的。口译员必须准确传达发言者的意图，避免任何可能的误解或歧义。在这种情况下，口译员可能需要采取更为正式的语言风格，以确保信息的准确性。

非正式场合：在非正式场合下，如友好会谈、学术讨论、商务谈判等，得体性和流畅性更为重要。口译员需要与发言者和听众建立良好的互动关系，选择适当的词汇和表达方式，以保持交流的顺畅和融洽。

紧急情况：在紧急情况下，如灾害救援、紧急医疗等场景下，流畅性更为重要。在这种情况下，口译员需要在短时间内将关键信息传递给目标语言的听众，以便其采取及时的行动。此时，准确性可能会受到一定的影响，但流畅性仍然是非常重要的。

跨文化交流：在跨文化交流中，得体性尤为重要。口译员需要了解不同文化背景下的语言习惯、礼仪规范和价值观念，以便选择适当的词汇和表达方式，避免引起听众的文化冲突或误解。

准确性、流畅性和得体性都是非常重要的，但在不同场合下它们的重要性可能有所不同，所以，在不同语境下，口译员需要根据实际情况来平衡和选择不同的核心维度。

第三节　互动机制的概念

口译中的互动机制是指口译员与听众在翻译过程中建立的一种有规律的、稳定的、可预测的交互反应关系。这种互动机制不仅包括口译员与听众的语言交流，还包括非语言交流，如眼神接触、面部表情、肢体动作等。

在口译过程中，口译员需要积极地与听众进行互动，通过观察听众的反应和反馈，不断调整自己的翻译策略和表达方式，以确保信息的准确传递并使听众接受。这种互动机制不仅有助于提高口译的质量和效果，还可以增强口译员与听众的信任和合作关系。

总之，口译中的互动机制是一种在翻译过程中建立起来的有规律的交互反应关系，它有助于提高口译的准确性和流畅性，增强口译员与听众之间的信任和合作关系。

互动机制在口译中至关重要，因为口译员需要在极短时间内快速理解和传达发言者的信息，还要处理多任务工作，因此，顺句驱动原则的使用在同声传译中不可或缺。

首先，互动机制可以帮助口译员更好地适应不同的语境和场景。通过观察听众的反应和反馈，口译员可以了解听众的需求和关注点，从而调整自己的翻译策略和表达方式，以确保信息的准确传递和听众的接受。这种互动机制有助于口译员与听众建立的信任和合作关系，提高口译的效果和质量。

其次，互动机制可以帮助口译员更好地应对口译过程中的挑战和难点。在口译过程中，口译员可能会遇到一些难以处理的语言或文化现象，这时可以通过与听众进行互动来寻求帮助和指导。例如，口译员可以通过重复发言者的观点或问题，以确认自己的理解是否准确无误；或者通过观察听众的反应来推断发言者所要表达的真实意图。

最后，互动机制还可以帮助口译员提高自己的职业素养和能力水平。通过与听众进行互动，口译员可以不断反思自己的翻译表现和策略，以便改进和提高自己的能力水平；同时可以从听众那里获得反馈和建议，从而不断地提高自己的职业素养和能力水平。

总之，互动机制在口译中是至关重要的，它可以帮助口译员更好地适应不同的语境和场景、应对口译过程中的挑战和难点，还可以提高口译员的职业素养和能力水平。因此，在口译过程中，建立良好的互动机制是非常重要的。

第四节　信息流与互动

一、顺句驱动如何影响信息流

顺句驱动对口译中的信息流有重要影响。

提高信息接收效率：顺句驱动可以帮助口译员在翻译过程中按照源语言的自然顺序理解和表达信息，从而减少信息处理的难度和压力，提高信息接收的效率。

准确传达信息：顺句驱动可以使口译员准确地传达源语言的信息，避免信息的遗漏或误解。同时，顺句驱动还可以使口译员更好地理解发言者的意图和情感，从而更准确地传达情感和语气。

优化信息结构：顺句驱动可以帮助口译员将源语言的信息按照目标语言的习惯进行重新组织和优化，从而使信息更加清晰、有条理，便于目标语言听众理解和接受。

保持信息的连贯性：顺句驱动可以使口译员在翻译过程中保持信息的连贯性和流畅性，从而使目标语言听众更容易理解和接受信息。

总之，顺句驱动可以帮助口译员提高信息接收效率，准确传达信息，优化信息结构，保持信息的连贯性，从而提高口译的质量和效率。

二、信息流在不同语言间的传递和处理

信息流在不同语言间的传递和处理是口译过程中非常重要的一环。由于不同语言存在差异，口译员需要在短时间内准确地将源语言的信息转换为目标语言，这是一个具有挑战性的任务。

在不同语言间传递和处理信息流的过程中，口译员需要注意以下几个方面。

1. 理解源语言：口译员需要首先理解源语言的信息，这需要他们具备较好的听力技能和快速反应的能力。同时，他们还需要了解源语言的文化背景和语言特点，以确保信息的准确传递。

2. 转换语言：口译员需要将理解的信息从源语言转换为目标语言。这个过程需要注意目标语言的语法、词汇、口音和语速等，以避免信息的误解或变形。

3. 得体表达：口译员需要选择适当的词汇和表达方式，将转换后的信息得体地表达出来。口译员还需要注意语调和语速，以确保信息的流畅性和易于理解。

4. 与听众互动：口译员需要注意与听众的互动，通过观察听众的反应和反馈，了解他们对信息的接受程度，以便及时调整翻译策略和表达方式。

总之，信息流在不同语言间的传递和处理是一个复杂的过程，口译员需要具备专业的技能和知识，同时需要灵活应对各种挑战。在口译过程中，建立良好的互动机制可以帮助口译员更好地了解听众的需求和反馈，从而提高口译的质量和效果。

第五节　互动机制与口译核心维度的关系

一、互动机制如何影响口译的准确性

互动机制对口译的准确性有着重要的影响。

首先，通过与听众进行互动，口译员可以更好地理解发言者的意图和情感，从而更准确地传达信息。例如，如果发言者使用了一些复杂的词汇或表述方式，口译员可以通过与听众进行互动来确认自己的理解是否准确，或者通过观察听众的反应来推断发言者所要表达的真实意图。

其次，通过与听众进行互动，口译员可以更好地了解听众的需求和关注点，从而调整自己的翻译策略和表达方式，以确保信息的准确传递。例如，如果听众对某个方面的信息特别关注，口译员可以通过与听众进行互动来了解他们的需求，并选择适当的词汇和表达方式来传递相关信息。

最后，通过与听众进行互动，口译员可以及时纠正自己的错误和理解偏差。例如，如果口译员在翻译过程中出现了错误或遗漏，可以通过与听众进行互动来及时纠正或补充信息，以确保信息的准确性。

总之，通过建立良好的互动机制，口译员可以更好地理解发言者的意图和情感，了解听众的需求和关注点，并及时纠正自己的错误和理解偏差，从而提高口译的准确性。

二、流畅性和得体性在互动机制中的作用

互动机制对口译的流畅性和得体性有重要影响。

首先，互动机制有助于提高口译的流畅性。口译员通过与听众进行互动，可以不断获取听众的反馈和指导，从而更好地理解和处理源语言的信息。同时，口译员还可以通过观察听众的反应和面部表情等信息，判断自己翻译的流畅性和听众的理解程度，进而及时调整翻译策略和表达方式。

其次，互动机制有助于提高口译的得体性。口译员在与听众进行互动时，需要考虑听众的文化背景和语言习惯，选择适当的词汇和表达方式以确保翻译的得体性。同时，口译员还可以通过与听众的互动来了解他们的需求和关注点，从而选择更为准确的词汇和表达方式来传递相关信息，使翻译更为得体。

总之，互动机制在口译中发挥着重要的作用，可以提高口译的流畅性和得体性，使口译更加准确、自然和易于理解。因此，在口译过程中，建立良好的互动机制是非常重要的。

第六节　互动机制的培训与提高

一、如何培训口译员以提高互动机制的效率

为了提高口译员互动机制的效率，我们可以采取以下培训方法和策略。

1.加强听力训练：听力是口译员的核心技能之一，口译员需要在这方面加强训练。我们可以选取不同领域、不同语言风格的听力材料，让口译员进行听力训练，提高他们听懂源语言的能力，从而更好地理解发言者的意图和情感。

2.提高快速反应能力：口译员需要在短时间内快速理解并处理信息，因此需要提高快速反应能力。我们可以通过训练口译员的笔记法、关键词捕捉等技能来提高他们的快速反应能力，帮助他们更好地记录和理解源语言的信息。

3. 加强语言转换能力：口译员需要将源语言的信息准确无误地转换为目标语言，这需要加强训练。我们可以训练口译员的语言组织能力、表达能力和词汇量等，帮助他们更好地将源语言信息转换为目标语言。

4. 培养得体表达能力：口译员需要使用适当的词汇和表达方式将转换后的信息得体地表达出来。我们可以通过培训口译员的跨文化交际能力、礼仪规范等方面的知识，帮助他们更好地掌握得体的表达方式。

5. 建立互动机制：在真实的口译场景中，建立良好的互动机制可以帮助口译员更好地与听众进行互动。我们可以通过模拟真实口译场景，训练口译员的互动机制，让他们了解如何通过观察听众的反应和反馈来调整自己的翻译策略和表达方式。

总之，为了提高口译者互动机制的效率，我们需要从多个方面对口译员进行培训，加强听力、快速反应、语言转换和得体表达能力等方面的训练，同时建立良好的互动机制，帮助口译员更好地与听众进行互动。

二、实践和反思的重要性

实践和反思在完善口译员互动机制方面具有不可小觑的作用。

首先，实践是完善口译员互动机制的关键。只有通过真实的口译场景实践，口译员才能真正掌握互动机制的技巧和方法。在实践中，口译员可以不断尝试和调整自己的翻译策略和表达方式，了解如何更好地与听众进行互动，并逐渐形成适合自己的互动模式。

其次，反思是完善口译员互动机制的重要环节。反思可以帮助口译员总结实践经验，深入了解自己的优势和不足，从而调整和完善自己的互动机制。通过反思，口译员可以发现自己在互动过程中存在的问题，如语言使用不当、表达方式不够得体等，并采取相应的措施进行改进。

为了完善口译员的互动机制，我们可以采取以下培训方法和策略：

（1）模拟真实口译场景进行实践训练：通过模拟真实口译场景，让口译员身临其境地进行实践训练，帮助他们更好地掌握互动机制的技巧和方法。

（2）提供反馈和建议：在训练过程中，导师或专业人士可以提供反馈和建议，帮助口译员更好地了解自己的优势和不足，从而调整和完善自己的互动机制。

（3）鼓励口译员进行反思和总结：在训练结束后，鼓励口译员进行反思和总结，帮助他们深入了解自己的互动机制，发现存在的问题并采取相应的措施进行改进。

总之，实践和反思在完善口译员互动机制方面具有非常重要的作用。通过不断的实践和反思，口译员可以逐渐掌握互动机制的技巧和方法，提高自己的专业素养和能力水平。

第七章 顺句驱动的应用

第一节 顺句驱动在同声传译中的应用

一、顺句驱动在同声传译中的重要性和优势

（一）顺句驱动在同声传译中的重要性

1. 提高信息接收效率：同声传译员需要在短时间内快速理解和处理源语言的信息，其可以通过顺句驱动按照源语言的自然顺序理解和表达信息，减少信息处理的难度和压力，提高信息接收的效率。

2. 保持信息的连贯性：顺句驱动可以帮助同声传译员在翻译过程中保持信息的连贯性和流畅性，从而使目标语言听众更容易理解和接受信息。

3. 提高翻译质量：通过顺句驱动，同声传译员可以更好地把握发言者的意图和情感，更准确地传达信息，提高翻译的准确性和质量。

（二）顺句驱动在同声传译中的优势

1. 降低翻译难度：顺句驱动可以帮助同声传译员更好地理解和处理源语言的信息，降低翻译的难度，提高翻译的效率和准确性。

2. 提高翻译的流畅性：通过顺句驱动，同声传译员可以按照源语言的自然顺序进行翻译，使翻译更加流畅自然，减少翻译的停顿和重复。

3. 提高翻译效率：顺句驱动可以帮助同声传译员在短时间内快速处理和理解信息，从而提高翻译的效率。同时，顺句驱动还可以帮助同声传译员更好地把握发言者的意图和情感，使翻译更加准确和贴切。

二、顺句驱动在同声传译中的实际运用策略

1. 仔细聆听：在同声传译中，仔细聆听是非常关键的。译员必须集中注意力，紧跟说话人的话语，对每一个细节进行分析和解读。通过仔细聆听，译员可以理解源语

言的信息,把握发言者的意图和情感,为后续的翻译做好准备。

2. 确定句子的主谓宾:在同声传译中,顺句驱动的核心是将源语言的句子按照其自然的语法结构进行拆分和重组。因此,确定句子的主谓宾是进行顺句驱动的关键步骤。译员需要准确地判断出每个句子的主谓宾成分,并将它们按照源语言的顺序进行理解和表达。

3. 拆分句子:在确定句子的主谓宾后,译员需要将句子进行拆分。拆分时需要注意保持句子的自然语序和语法结构,同时将句子分成适当的意群或概念单位。拆分后的句子可以帮助译员更好地理解和表达源语言的信息。

4. 重组句子:拆分完句子后,译员需要将句子进行重组。重组时译员需要注意保持目标语言的语法结构和表达习惯,同时将拆分的意群或概念单位自然地连接起来,形成完整的句子以便重组后的句子可以更流畅、更准确地表达源语言的信息。

5. 快速表达:在进行顺句驱动时,译员需要快速表达。快速表达不仅要求译员有较扎实的语言功底和较强的表达能力,还需要对语言转换的技巧有一定的掌握。译员需要通过不断的练习和实践,提高自己的语言转换速度和表达能力,以更好地适应同声传译的高强度和高效率要求。

总之,顺句驱动是一种非常有效的同声传译策略,可以帮助译员更好地理解和处理源语言的信息,提高翻译的效率和准确性。在实际运用中,译员需要仔细聆听、确定句子的主谓宾、拆分句子、重组句子并快速表达。同时,译员需要通过不断的练习和实践,不断提高自己的语言功底、表达能力,掌握转换技巧,以更好地应对同声传译中的各种挑战。

第二节　顺句驱动在交替传译中的应用

一、顺句驱动在交替传译中的重要性和优势

（一）顺句驱动在交替传译中的重要性

1. 信息处理的重要环节:在交替传译中,译员需要听取源语言发言者的信息,并在短时间内进行处理、理解和表达。顺句驱动作为一种信息处理策略,是交替传译中信息处理的重要环节。

2. 保持信息的连贯性:顺句驱动可以帮助译员按照源语言的自然顺序理解和表达信息,有助于保持信息的连贯性和完整性,避免信息的遗漏或误解。

3. 提高翻译的质量和效率：通过顺句驱动，译员可以更好地把握发言者的意图和情感，更准确地传达信息，提高翻译的准确性和效率。同时，顺句驱动还可以帮助译员更好地应对时间压力，减少翻译过程中的停顿和重复。

（二）顺句驱动在交替传译中的优势

1. 降低翻译难度：顺句驱动可以帮助译员更好地理解和处理源语言的信息，降低翻译的难度，提高翻译的效率和准确性。

2. 提高翻译的流畅性：通过顺句驱动，译员可以按照源语言的自然顺序进行翻译，使翻译更加流畅自然，减少翻译的停顿和重复。同时，顺句驱动还可以帮助译员更好地把握发言者的情感和语气，使翻译更加贴切。

3. 增强翻译的可理解性：顺句驱动可以帮助译员将源语言的信息按照其自然的语法结构进行拆分和重组，使翻译更加符合目标语言的表达习惯和语法结构，提高翻译的可理解度和可接受度。

二、顺句驱动在交替传译中的实际运用策略

1. 合理断句：在交替传译中，译员需要将源语言的句子进行适当的断句。通过适当的断句，译员能更准确地理解源语言的信息，并以意群或信息单位的方式进行解读和传达。该断句策略的优点是，每个划分的段落都有自己独立且完整的含义，这样，在使用句子驱动技巧的时候，译员能将每个段落独立地翻译成对应的目标语言，并使用恰当的连词形成一个完整的句子。

2. 保持信息连贯性：在交替传译中，译员需要保持信息的连贯性。通过顺句驱动，译员可以按照源语言的自然顺序理解和表达信息，有助于保持信息的连贯性和完整性。同时，译员需要注意在翻译过程中使用合适的连接词和短语，以确保翻译的流畅性和可理解性。

3. 快速理解和表达：在交替传译中，译员需要在短时间内快速理解和表达信息。通过顺句驱动，译员可以更好地把握发言者的意图和情感，更准确地传达信息。同时，译员需要注意提高自己的语言功底和表达能力，以更好地适应交替传译的高强度和高效率要求。

4. 适当笔记辅助：在交替传译中，适当的笔记辅助可以帮助译员更好地记忆和理解源语言的信息。笔记可以帮助译员记住一些重要的细节和信息点，有助于提高翻译的准确性和效率。但是，笔记不应该成为译员翻译的依赖性工具，而应该是译员口译工作的辅助性工具。

总之，顺句驱动是一种非常有效的交替传译策略，可以帮助译员更好地理解和处理源语言的信息，提高翻译的效率和准确性。在实际运用中，译员需要注意合理断句、保持信息连贯性、快速理解和表达以及适当笔记辅助等方面，不断提高自己的语言功底、表达能力，掌握转换技巧，以更好地应对交替传译中的各种挑战。

第三节　顺句驱动在不同口译场景中的应用

一、顺句驱动在政治会谈中的应用

（一）政治会谈的重要性

政治会谈是国际交流和外交活动中的重要组成部分，涉及国家利益、主权、领土完整、政治立场和国际关系等方面。译员作为政治会谈中的重要参与人员之一，需要准确、及时地传递信息，以促进双方的理解和合作。

（二）顺句驱动在政治会谈中的优势

1. 提高信息接收效率：通过顺句驱动，译员可以按照源语言的自然顺序理解和表达信息，这有助于提高信息接收的效率，减少信息处理的难度。

2. 保持信息的连贯性：顺句驱动可以帮助译员按照源语言的自然顺序进行翻译，使翻译更加流畅自然，有助于保持信息的连贯性和完整性。

3. 降低翻译难度：顺句驱动可以帮助译员更好地理解和处理源语言的信息，降低翻译的难度，提高翻译的效率和准确性。

（三）顺句驱动在政治会谈中的实际运用策略

1. 仔细聆听：译员需要集中注意力，仔细聆听发言者的讲话内容，对每一个细节进行分析和解读。

2. 确定句子的主谓宾：译员需要准确地判断出每个句子的主谓宾成分，并将它们按照源语言的顺序进行理解和表达。

3. 拆分句子：译员需要将句子进行拆分，将它们分成适当的意群或概念单位，以便更好地理解和表达信息。

4. 重组句子：译员需要将拆分的意群或概念单位进行重组，形成完整的句子，以确保翻译的准确性和流畅性。

5. 注意专业术语和政治敏感词汇：译员需要注意专业术语和政治敏感词汇的使用，避免出现误译或表达不当的情况。同时，译员需要具备丰富的政治和外交知识储备，以更好地应对各种场景和话题。

总之，顺句驱动作为一种卓有成效的口译策略，可以帮助译员更好地理解和处理源语言的信息，提高政治会谈等正式场合下中翻译的效率和准确性。在政治会谈中，译员需要仔细聆听、确定句子的主谓宾、拆分句子、重组句子并注意专业术语和政治敏感词汇的使用。同时，译员需要通过不断的练习和实践，提高自己的语言功底、表达能力，掌握转换技巧，以更好地应对政治会谈中的各种挑战。

二、顺句驱动在商务谈判中的应用

（一）商务谈判的背景和重要性

商务谈判是在商业活动中广泛运用的一种谈判形式，涉及商品买卖、服务贸易、技术合作等多个方面。在商务谈判中，译员作为双方沟通的桥梁，需要准确地传递信息、理解双方的需求和意图，以促进双方达成共识和协议。

（二）顺句驱动在商务谈判中的优势

1. 更好地把握谈判节奏：译员通过顺句驱动，可以按照源语言的自然顺序进行翻译，帮助双方更好地理解和表达意图，从而更好地把握谈判的节奏。

2. 提高信息传递效率：通过顺句驱动，译员可以准确、及时地传递信息，帮助双方更好地理解和沟通，提高信息传递的效率。

3. 降低翻译难度：顺句驱动可以帮助译员更好地理解和处理源语言的信息，降低翻译的难度，提高翻译的效率和准确性。

（三）顺句驱动在商务谈判中的实际运用策略

1. 仔细聆听：译员需要集中注意力，仔细聆听双方的讲话内容，对每一个细节进行分析和解读。

2. 确定句子的主谓宾：译员需要准确地判断出每个句子的主谓宾成分，并将它们按照源语言的顺序进行理解和表达。

3. 拆分句子：译员需要将句子进行拆分，将它们分成适当的意群或概念单位，以便更好地理解和表达信息。

4. 重组句子：译员需要将拆分的意群或概念单位进行重组，形成完整的句子，以确保翻译的准确性和流畅性。

5. 注意礼貌用语和专业术语：译员需要注意使用礼貌用语和专业术语，避免出现误译或表达不当的情况。同时，译员需要了解商务谈判中的一些特殊表达和习惯用语，以更好地应对各种场景和话题。

总之，顺句驱动是一种非常有效的口译策略，可以帮助译员更好地理解和处理源语言的信息，提高翻译的效率和准确性。在商务谈判中，译员需要仔细聆听、确定句子的主谓宾、拆分句子、重组句子并注意礼貌用语和专业术语的使用。同时，译员需要通过不断的练习和实践，提高自己的语言功底、表达能力，掌握转换技巧，以更好地应对商务谈判中的各种挑战。

三、顺句驱动在新闻发布会中的应用

（一）新闻发布会的重要性

新闻发布会是一种重要的公共演讲形式，是企业、政府、组织等向公众传递信息、展示形象、沟通社会的有效手段。在新闻发布会上，译员作为信息传递的桥梁，需要准确地传递信息，以帮助公众更好地理解和掌握发布内容。

（二）顺句驱动在新闻发布会中的优势

1. 准确传达信息：顺句驱动可以帮助译员按照源语言的自然顺序进行翻译，确保信息的准确传达，提高公众对发布内容的理解。

2. 保持信息的连贯性：顺句驱动可以帮助译员保持信息的连贯性，避免出现翻译停顿或重复的情况，使公众更好地掌握发布内容的整体思路。

3. 提高翻译效率：顺句驱动可以提高译员的翻译效率，使译员能够快速处理和传递信息，确保公众能够在有限的时间内获得更多的信息。

（三）顺句驱动在新闻发布会中的实际运用策略

1. 预测发布内容：译员在新闻发布会前需要对发布内容进行预测和准备，了解可能涉及的专业术语和表达方式，以便更好地理解和表达信息。

2. 确定句子的主谓宾：译员需要准确地判断出每个句子的主谓宾成分，并将它们按照源语言的顺序进行理解和表达。

3. 拆分句子：译员需要将句子进行拆分，将它们分成适当的意群或概念单位，以便更好地理解和表达信息。

4. 重组句子：译员需要将拆分的意群或概念单位进行重组，形成完整的句子，以确保翻译的准确性和流畅性。

5. 注意公众反馈：译员需要注意公众的反馈和反应，及时调整翻译策略和方法，以确保公众能够更好地理解和掌握发布内容。

顺句驱动可以帮助译员在新闻场合更好地理解和处理源语言的信息，提高翻译的效率和准确性。在新闻发布会上，译员需要预测发布内容、确定句子的主谓宾、拆分

句子、重组句子并注意公众反馈。同时，译员需要通过不断的练习和实践，提高自己的语言功底、表达能力，掌握转换技巧，以更好地应对新闻发布会中的各种挑战。

第四节　顺句驱动与口译笔记法的有机耦合

一、顺句驱动与口译笔记法的互补性

顺句驱动和口译笔记法是口译过程中两种重要的策略和方法，它们具有各自的特点和优势，同时可以相互补充和协调。顺句驱动侧重于理解和表达源语言的信息，口译笔记法则侧重于记录和整理信息，以便在口译过程中更好地传递和交流。

具体而言，顺句驱动可以帮助译员准确地理解和表达源语言的信息，尤其是在一些较为复杂或专业的领域。通过顺句驱动，译员可以更好地把握发言者的意图、情感和态度，从而更准确地传达信息，然而，顺句驱动也有其局限性，例如在处理大量信息或需要精确记录细节的情况下，可能会显得不够高效。

口译笔记法则是一种有效的信息记录和整理方法，可以帮助译员更好地捕捉和记录关键信息，尤其是在处理大量数据、专业术语和细节信息时。通过口译笔记法，译员可以在短时间内将源语言的信息进行分类、概括和整理，从而更好地在目标语言中进行表达，然而，口译笔记法也有其局限性，例如在处理较为简单的信息或日常用语的情况下，可能会显得过于烦琐。

因此，将顺句驱动和口译笔记法有机地耦合起来，可以取长补短，提高口译的效果和质量。例如，在处理一些较为复杂的议题或领域时，译员可以先通过顺句驱动来准确理解和表达源语言的信息，然后再借助口译笔记法来整理和记录相关信息，以便在目标语言中进行更为精确的表达。在处理一些较为简单的信息或日常用语的情况下，译员则可以主要依赖顺句驱动来进行翻译，只在必要时使用口译笔记法来辅助记录一些关键信息。

总之，顺句驱动和口译笔记法在口译过程中各有其特点和优势，将它们有机地耦合起来，可以帮助译员更好地应对各种复杂的口译场景和挑战。

二、顺句驱动与口译笔记法的实际应用

在口译过程中，顺句驱动和口译笔记法可以相互配合，共同帮助译员更好地完成口译任务。下面以一些具体场景为例，探讨顺句驱动与口译笔记法的实际应用。

1.新闻发布会口译：在新闻发布会上，译员需要面对大量的信息和高强度的工作压力。此时，顺句驱动可以帮助译员快速理解和表达信息，而口译笔记法可以帮助译员在短时间内捕捉和整理关键信息。例如，在听到一段有关经济的数据时，译员可以使用顺句驱动来理解数据背后的含义和趋势，同时使用口译笔记法来记录相关数据和关键点，以便在目标语言中准确传达。

2.商务谈判口译：在商务谈判中，译员需要准确地传递双方的观点、需求和意图。顺句驱动可以帮助译员更好地把握谈判的节奏和信息，而口译笔记法可以帮助译员记录双方的立场和要点。例如，在听到对方提出的一项重要观点时，译员可以使用顺句驱动来理解该观点的背景、原因和需求，同时使用口译笔记法来记录该观点的核心内容，以便在目标语言中准确传达。

3.政治会谈口译：在政治会谈中，译员需要准确传递双方的政治立场、观点和意图。顺句驱动可以帮助译员更好地把握发言者的情感和态度，而口译笔记法可以帮助译员记录相关的政治术语和重要观点。例如，在听到一项重要的政治声明时，译员可以使用顺句驱动来理解该声明的主要内容和发言者的立场，同时使用口译笔记法来记录该声明的关键词和相关背景信息，以便在目标语言中准确传达。

总之，在口译过程中，顺句驱动和口译笔记法可以相互配合使用，以帮助译员更好地应对各种场景和挑战。在实际应用中，译员应根据具体情况选择合适的方法，不断提高自己的语言功底、表达能力和转换技巧。

第五节　顺句驱动与视译技巧

一、视译技巧的重要性及应用

视译是指在手持讲话稿或讲义的情况下，一边阅读原文，一边进行口头翻译。在某些场合下，如国际会议、外交谈判等，视译是一项非常重要的技能。本节将探讨顺句驱动在视译技巧中的应用及重要性。

（一）视译的特点

1.与发言者存在时间差。译员在阅读原文的同时，需要预测发言者接下来要讲述的内容，并准备好相应的翻译。

2.信息量较大。译员需要在短时间内阅读并理解大量的原文信息，同时进行翻译。

3.有限的信息处理时间。译员需要在短时间内对原文进行处理，并进行翻译。

在这样的情况下，顺句驱动可以有效地帮助译员进行视译。具体而言，顺句驱动可以在以下几方面帮助译员：

（1）更好地理解原文信息。通过将原文按照意群或句子进行拆分，译员可以更好地理解原文的信息，并进行相应的翻译。

（2）提高翻译的流畅度。通过顺句驱动，译员可以更好地把握原文的逻辑和思路，避免出现翻译停顿或重复的情况。

（3）更好地应对口译中的挑战。在视译过程中，译员可能会遇到一些难点或挑战，如专业术语、复杂句型等。通过顺句驱动，译员可以更好地应对这些挑战，提高翻译的准确性和流畅度。

（二）在实际应用中译员需要注意的问题

1. 提前阅读。在进行视译前，译员需要提前阅读原文，了解讲话的主题和要点，以便更好地理解和翻译原文内容。

2. 分句拆分。在进行视译时，译员需要根据原文的意思和逻辑，将句子进行拆分，以便更好地理解原文并进行翻译。

3. 笔记辅助。在进行视译时，译员可以使用笔记来辅助记忆和理解原文信息。但需要注意，笔记应该简单明了，不要影响译员的视线和思路。

4. 专业知识和背景知识。在进行视译时，译员需要具备相应的专业知识和背景知识，以便更好地理解和翻译原文内容。因此，译员需要有丰富的知识储备，以便应对各种场合的需求。

二、顺句驱动与视译技巧的结合

顺句驱动作为一种口译策略与视译技巧相结合，可以进一步提高视译的效率和准确性。下面我们将从以下几个方面探讨顺句驱动与视译技巧的结合。

1. 理解原文信息

在视译过程中，理解原文信息是第一步，也是关键的一步。顺句驱动可以帮助译员更好地理解原文信息。通过将原文按照意群或句子进行拆分，译员可以更好地理解原文的信息，并进行相应的翻译。同时，顺句驱动还可以帮助译员把握原文的逻辑和思路，使得翻译更加流畅和准确。

例如，在阅读一篇有关经济数据的文章时，译员可以使用顺句驱动来理解数据背后的含义和趋势，并按照相应的逻辑和思路进行翻译。如果遇到一些复杂的数据或图表，译员可以适当地使用笔记来辅助记忆和理解。

2. 语言表达

在理解原文信息的基础上，语言表达是视译的第二步，顺句驱动可以帮助译员更好地进行语言表达。通过将原文按照意群或句子进行拆分和重组，译员可以更好地把握原文的逻辑和思路，使得翻译更加准确和流畅。

例如，在翻译一篇有关科技发展的文章时，译员可以使用顺句驱动来把握原文的逻辑和思路，按照相应的逻辑和思路进行翻译。如果遇到一些专业术语或复杂句型，译员可以适当地使用笔记来辅助表达。

3. 信息处理能力

在视译过程中，信息处理能力是关键能力之一。顺句驱动可以帮助译员提高信息处理能力。通过将原文按照意群或句子进行拆分和重组，译员可以更好地理解原文的信息，并进行相应的翻译。同时，顺句驱动还可以帮助译员更好地应对口译中的挑战，提高翻译的准确性和流畅度。

总之，顺句驱动与视译技巧相结合，可以提高视译的效率和准确性。通过将顺句驱动应用于视译中，译员可以更好地理解原文信息、进行语言表达和提高信息处理能力，从而更好地应对口译中的挑战。

第六节　顺句驱动视角下的案例分析

一、成功案例介绍及分析

下面将通过一个成功案例来探讨顺句驱动在口译实践中的应用。该案例是一个商务谈判场景，谈判双方为出口商 A 公司和进口商 B 公司。

1. 案例背景

A 公司作为一家知名的电子产品出口商，与 B 公司进行了一次重要的商务谈判。在谈判中，A 公司希望 B 公司能够增加订单数量，而 B 公司希望 A 公司能够提供更加优惠的价格。由于双方在某些条款上存在分歧，因此需要译员进行口译沟通。

2. 案例经过

在谈判中，译员首先使用顺句驱动策略，准确地理解了 A 公司的报价单，并将报价单中的产品数量、价格、付款方式等信息按照源语言的自然顺序进行翻译。在 B 公司对译员的翻译提出疑问时，译员再次使用顺句驱动策略，准确地理解了 B 公司的疑问，并将疑问按照 B 公司的语言表达方式进行翻译。

在接下来的谈判中，译员继续使用顺句驱动策略，将 A 公司和 B 公司的发言进行拆分和重组，使得双方能够更好地理解和表达自己的意图。最终，经过译员妥当的翻译和双方的协商，双方达成了一致意见，并签订了合同。

3. 案例分析

本案例的成功之处在于，译员通过顺句驱动策略，准确地理解了双方的报价和疑问，并将信息按照源语言的自然顺序和语言表达方式进行翻译。这种策略有助于译员更好地把握谈判的节奏和信息，提高翻译的效率和准确性。

此外，译员还通过顺句驱动策略，将双方的发言进行拆分和重组，使得双方能够更好地理解和表达自己的意图。这种策略有助于译员更好地应对口译中的挑战，提高翻译的准确性和流畅度。

总之，顺句驱动在商务谈判口译中的应用取得了显著的效果。通过准确把握谈判的节奏和信息，译员能够更好地帮助双方进行沟通和协商，最终达成一致意见并签订合同。

二、失败案例分析及教训

在口译实践中，即使是经验丰富的译员也难免会出现失败的情况。下面将通过一个失败案例来分析顺句驱动在口译实践中的重要性，以及如何从失败中吸取教训。

1. 案例背景

某公司举行了一次新闻发布会，向公众宣布一项重要产品的上市计划。译员的任务是将发布内容翻译成英文，以便外国记者和投资者能够了解该计划。

2. 案例经过及失败原因分析

在新闻发布会上，译员虽然使用了顺句驱动策略，但没有完全准确地理解发布内容，导致翻译出现了一些错误。此外，译员在翻译过程中还出现了紧张情绪，影响了翻译的流畅度和准确性。

该译员在新闻发布会上翻译工作的失败，主要是以下原因导致的：

首先，译员对专业领域的词汇和表达方式不够熟悉。在翻译过程中，译员没有能够准确理解一些关键术语和专业表达，导致翻译出现误差。

其次，译员对源语言的自然顺序和语言表达方式不够熟练。在翻译过程中，译员没有能够完全准确地把握发言者的意图和思路，导致翻译出现偏差。

最后，译员心理素质较差。在紧张情绪的影响下，译员的表现不佳，影响了翻译的流畅度和准确性。

3. 教训与改进措施

从该失败案例中，我们可以得出以下教训和改进措施：

首先，译员需要不断拓宽自己的知识面，提高语言功底，不断学习和积累不同领域的知识和表达方式，以便在口译实践中能够更加准确地理解和表达相关内容。

其次，译员需要提高自己的心理素质和应对能力。在口译实践中，译员需要保持冷静、自信并能够灵活应变。针对不同类型的场景和挑战，译员需要合理运用顺句驱动等策略和方法，以提高口译的效果和质量。

综上所述，顺句驱动作为一种重要的口译策略，可以帮助译员更好地理解和处理源语言的信息，提高翻译的效率和准确性。译员在使用顺句驱动时也需要注意其局限性，并结合具体场景选择合适的策略和方法。

第八章　口译语料库

第一节　语料库

一、语料库概述

当前，基于语料库的语言学研究爆炸式发展，其研究深度也在持续拓展，然而，现有的口译研究，尤其是实验性的，大多使用带有较强书面语特色的语言资源，通常会针对研究需求进行人为干预，如词汇、句长、篇幅和语速等，而这些经过处理的资源与实际口译环境的差距颇大。另外，这些研究的对象主要是口译学生或未经口译培训的人员，职业口译者所占的比例非常小。

显然，这些研究资料和实践环境与现实的口译场景有明显区别。因此，建立一个基于实际口译场景和以现场口译活动为目标的语料库，不仅可以为口译的研究提供更真实、更客观的素材，以解决过去研究对象不符合实际口译场景的问题，也有助于拓展口译研究的领域，并拓展研究的深度，其意义重大。

其意义主要表现为以下几个方面：

1.通过参考其他笔译语料库并利用口译语料库，我们能够依赖大量实际语料和客观数据来更深入地描述和总结口译的语言特性，从而加深对口译和笔译活动的比较研究。

2.通过对现有口译理论、观念进行实证性的验证和分析，我们可以了解"脱离源语言外壳"在实际口译情景下的具体表现。

3.我们可以实证性地考察和分析口译策略和技巧，如策略的应用层面和效果等，特别是不同能力的口译者在策略应用方面的详细差异。

总的看来，"基于语料库的语言研究与分析已经深受认同，任何想要得到可信结果的语言描述和分析研究，都必须以大量的实际的语言使用数据为基础"。因此，我们有足够的理由相信，口译语料库将会成为口译研究深入发展的一个既创新又有效的研究手段。

二、口译语料库的分类

口译语料库可依据其包含的数据类型分为类比语料库和对应语料库两种。

（一）类比语料库

在翻译学研究的语料库领域，类比语料库通常指的是一个包含翻译和非翻译文本，专门关注某个特定主题或领域的集合。如果涉及双语类比语料库，那么该库还将包括两种语言的相似性文本。根据 Shlesinger（斯滕伯格）的理论，一个理想的口译类比语料库至少应包含三个子库：口译译文文本库、源语同类型的口语文本库以及与源语文本库相对应的笔译译文库。这样的设计主要是为了研究口语和口笔译文本的差异，以及口译文本的个性和通性。

1.用于研究口语文本

作为一种独特的口头文本，研究者可以将收集到的口译文本切分成小段，与同一语言的其他自发对话文本进行比较。即便不考虑源语言，也可以研究口译文本的特殊构造。

2.用于研究口译译文与笔译文本的区别

口译内容可与符合其内容的笔译比较，这有助于识别口译结构的其他特性。也就是说，口译比较数据库可以从多角度探讨口译内容的唯一性，并能跨越类别、语言和口译个案特质，对口译内容的整体共性进行研究。对特性和共性的研究无疑对一些尚未确认的口译处理流程，如处理能力的限制等，有很大的帮助，同时有助于更系统地描述口译现象，如口译中的转移等。

传统的基于语料库的笔译研究主要关注语言对特定因素和个人变量，如性别、经历、语言背景等的影响，然而，口译语料库的使用不仅限于这些领域，还可以扩展到研究译文的结构和形态的相互联系，这可以通过使用与口译相关的语料库来实现。

（二）对应语料库

对应语料库是构成口译语料库的关键部分，包含源语文本库、相应的口译译文库和对应的笔译译文库三个子库。研究者可以通过对比同一源语及其两种译文的口头与书写形式，来探究在完成功能相等时，两种语言形式对形态的依赖程度。

例如，"可以"这个词在笔译中可能被译为 may，但在口译中除了 may，还会有 can、shall 等其他选择，这就涉及了形态的改变。研究语料库的一个主要目标就是寻找和比较口译中形态变化的规律，以便我们更好地理解口译语言和普通语言的区别。通过对语料库的深入研究，我们不只可以更全面地探讨口译的目标语特性，也能深刻理解非言语因素对口译的导向性及语言特性的影响。

口译语料库总体上能够协助我们研究口译译文的特质，验证现有的口译理论，观察各类口译策略对口译结果的直接影响，也能让我们摒弃偏见，研究跨语言交流和口译的独特性。这种基于语料库语言学的工具和方法将推动口译研究从规定性探索跃进到描述性探索。

三、口译语料库学习中表达语言特点

通常情况下，学生在上口译课前都会先学习笔译，因为口译与笔译存在许多相同之处。二者都是在对原文进行理解和分析的基础上，重新组织语言，用另外一种语言将原文的意思表达出来，然而，口译与笔译又存在一些不同之处。其中一点就是口译对学生的英语水平和汉语水平都有很高的要求，同时需要学生具备广博的知识储备和强烈的责任感。此外，口译过，对学生的听力、记忆、表达等方面的能力也有着很高的要求。在口译现场，学生需要在即时完成翻译的同时，对听到的内容进行一次性的翻译，而且他们无法在现场寻求他人的帮助或查阅其他的资料。因此，口译过程中的错误，很难在事后进行纠正与弥补。

在口译时，学生的声音、语调、手势和面部表情都能加深其对说话内容的理解。

目前，口译语料库的主要内容涵盖了口译文本的相关语言特征，其中包括对词汇特征进行分析和汇总。这些词汇特征包括口译文本的词汇量以及变异、口译中应用较多的高频率词汇、相关词语的索引、语法、语句搭配以及词汇的相似性和陌生性等。同时，口译语料库对口译文本中的语法和组成结构的语态应用也进行了相关探索。结合口译文本中的语态类型、语篇模式以及口译文本中的精简性质等特征，口译操作过程中还包括了对原文隐喻的转换处理、快速口语分析、口译自我修整以及间断性同声传译和延迟现象等。这些研究和分析不仅可以帮助我们更好地理解和掌握口译技巧，也能够为口译教学和研究提供有力的支持和帮助。

四、国内外建成并完成研究的口译语料库

目前，已经建立并完成研究的口译语料库在国内外并不常见。国外有两个大型口译语料库，分别是日本名古屋大学构建的 CIAIR 口译语料库和意大利博洛尼亚大学构建的 EPIC 欧洲议会口译语料库。在国内，有中国大学生英汉汉英口笔译语料库。

（一）CIAIR 语料库

  CIAIR 语料库研究计划是由日本名古屋大学的综合语音信息研究中心主导的。这个计划从 1999 年启动，到 2003 年完成了初步建设，构建了一个含有超过 182 小时的录音资料的库，并转写了全部内容，生成了约 100 万词的文字，是目前全球最大的同声传译语料库。该语料库的主要目标是研究语言信息处理技术，提高语言翻译技巧，并优化口译理论。此外，这个语料库的数据库也对外销售，销售收入用于语料库的维护和大学的学术研究。

  根据录音内容，英语和日语是 CIAIR 语料库中主要的语言搭配，包括对话和独立演讲两类语言模式。每个文档都有时间和文本识别注释。个别演讲的录音介于 5 兆到 150 兆之间，对话录音则在 2.5 兆到 110 兆的范围内。每段转录的文本都配有一项独特的技术，该技术能将演讲者和翻译者的声音合并，形成一个单独的波段。研究者戴上耳机后，可以清楚地听到演讲者的声音，甚至可以透过玻璃看到演讲者的各种动作。需要特别注意的是，演讲者无法听到翻译者的声音，所以他们可以按照自己的自然节奏进行演讲。

  至今为止，CIAIR 语料库已经整理了 30 位英语说话者、15 位日语说话者和 31 位口译专家的录音与其转述文本。所有录音都在模拟的环境中完成，而不是真实的口译场景。口译者通过麦克风在同声传译室内发言，他们可以清楚地听到说话者的声音，并通过玻璃观察到他们的身体语言，然而，说话者无法听到口译者的声音，这使得他们能够以自己的自然语速进行发言。观察这些录音的内容，1999 年的单独讲话主要涉及了日常话题和信息科技主题，而对话主要关注旅游环境话题。

  研究人员来自名古屋大学，他们使用这个语料库开展了一系列的研究。这些研究包括机器同声传译、同声传译的口译员的语速和翻译单位以及同声传译员和发言人在语言输出时间上的差异等。

  CIAIR 语料库的一大优点在于其规模较大并且采取了相对先进的建库技术，这对于机器翻译包括机器口译的研究和发展非常有益。机器口译，又被称作机助口译或者自助口译，是自然语音识别技术和自动翻译系统联合创造的一种新的翻译模式。CIAIR 这个大规模的口译语料库巩固了机器口译研究所需的语料和语言实践操作的基础，有助于发掘口译中的一些自动匹配的结构和规则。

  CIAIR 语料库的不足也是存在的。首先，它收录的主题相对有限，距离满足各种交流场景的机器翻译需求存在较大缺口。其次，这个语料库的收集环境主要在口译训练课堂而不是真实口译作业场景，因此，它不能真实反映实际口译操作的情境，这对口译研究的"生态效力"产生了一定影响。尽管存在这些不足，CIAIR 语料库仍然为口译研究和教学提供了宝贵的数据和资源，对推动中国口译领域的发展和进步起到了重要的作用

（二）欧洲议会口译语料库

欧洲议会口译语料库（European Parliament Interpreting Corpus，EPIC）是由意大利博洛尼亚大学的翻译语言和文化研究小组在 2004 年创建的一个电子对照语料库，涵盖了意大利语、英语和西班牙语等语言。

此语料库根据欧洲议会全体会议的口译录音来构建，总共包含 140 卷，每卷 4 小时的视频，涵盖了 2004 年 2 月至 7 月的 5 场分会口译录音。这些音视资料包括全体会议的原始语言演讲（标记为 Org）和英语、意大利语、西班牙语的同声传译翻译（标记为 Int），以及欧洲议会新闻发布会的口译内容。

此库在构建过程中，首先要将演说者的原声记录带进行数字化，产生影视文件。在这个过程中，将原本的意大利、英文和西班牙的原始录音以及对应的同声传译分开，分别保存为单独的音频和视频片段。同时，这些视频数据也被保留下来，以供未来深度分析。

研究者通过参考欧盟在会议结束后发布的详细的官方稿件，完成了源语录音的文字初稿转写，并经过审核后得到最终文本。口译录音的转写过程则更为复杂。研究者使用了在同声传译训练中常用的影子跟读方式，一边听取口译员的录音，一边大声重复他们的翻译，同时利用语言识别软件将复述的话语自动转化为文字。基于此，研究者对翻译文本中的副语言特征进行了补充和修正。

研究人员不仅进行了基本的转录工作，还记录了一些与译词输出相关的其他信息，如言语长度、发言模式、平均速度以及讲者的姓名、国籍、性别和政治背景等。这些信息都被储存在特别设计的标头部分，可作为一种检索参数。在 EPIC 的网站上，通过输入"发言时间"或"译员、发言者的国籍"等关键词，就可以搜索到包含指定言语或讲者特征的所有语料库。

在 EPIC 语料库中，我们利用了 POS 标注技术，其中，英文和意大利文的文本是通过 Tretagger 软件进行标注的，西班牙文的文本则使用了 Freling 软件进行标注。完成后的语料库总计包含三种原始语言（意大利语、英语和西班牙语）的子库和六个翻译文本的子库。简单来说，每一种原始语言都被翻译成其他两种语言，因此，对于三种原始语言，我们有六个翻译语料库。

EPIC 语料库的主要特性在于它的语料一致性。首先，从译者的视角考虑，所有欧盟译者都是经过严格筛选的专业人士，他们具备相当高的专业水平，并且他们的口译工作都从被动语言（母语）转译为主动语言（非母语），也就是母语。其次，其他可能影响译者表现的外部因素，如会议准备和工作设备等，对所有欧盟译者而言，都是类似的（例如，他们获取资料的方式和资料内容等均相同）。这些一致性特性使得 EPIC 语料库特别适合于研究特定类型的同声传译，如欧洲议会辩论的口译风格研究等。

EPIC 语料库包含九种语言的子集，它的复杂性为广泛研究口译提供了机会。例如，研究人员可以探讨自然英语和口译英语在语法、修辞和词汇等方面的各种差异，从而深入验证 Laviosa 提出的非翻译文本与翻译文本在本质上的区别的假设。此外，研究者也可以考察同声传译的翻译方向问题，以及在口译中不同语言配对的策略和结构特征的比较等问题。

EPIC 语料库的用途不只在于研究，它也可被广泛运用于教育领域。在外语教学中，库内的原始语言视频片段可作为优秀的听力练习材料，同时相应的文本文件也能够协助学生理解未曾接触过的单词和语法，以便更精准地改正错误并吸取新的知识。另外，这些听力练习也可以帮助学生提升他们的外语发音技巧。

在口译教育中，博洛尼亚大学已经将 EPIC 语料库融入其翻译和口译的教学培训课程。这些教学方法包括将 EPIC 的视频片段和文稿作为口译的训练资源；将议会译员的输出作为学员考核或自我评估的准则；以及通过使用真实情境练习题目进行训练；等等。这些策略不仅能提升学员对自身强项和弱点的了解，也可让教师直接使用其中的某些录音，或是通过软件进行语料的切分加工，使训练内容符合学员的实际水平。

（三）其他口译语料库

1.DIRSI 语料库和 FOOTIE 语料库

除了 EPIC 语料库之外，Bendazoli（2009）等人于 2009 年建立了 DIRSI 语料库和 FOOTIE 语料库。

DIRSI 语料库，也就是"同声传译方向性研究语料库"，主要研究同声传译的方向性问题。在欧盟的会议场合，同声传译者常常被要求从母语（被动语言）翻译到非母语（主动语言），这是常规的同声传译实践方向。但事实上，市场需求与这种规定并不一致，尤其是在东欧一些地区，同声传译服务需要在主动语言和被动语言间反复切换。DIRSI 语料库就是为了专项研究这种同声传译方向变换对翻译质量的影响而设立的。

这个语料库汇集了 2005 年到 2007 年在意大利举行的全部国际会议的同声传译录

音，包括开幕词、讲话、声明以及答辩问题等。答辩问题由于互动性强被认为与其他独白不同。所有这些录音都已经过转写、整合和注释等步骤，以便于后续的数据分析。

FOOTIE 语料库的录音材料来自 2008 年欧洲足球锦标赛的意大利队 16 场比赛的新闻发布会口译内容，这与 DIRSI 语料库有所不同。这个数据库中包含的语言有意大利语、英语、法语以及西班牙语。值得注意的是，这个语料库的所有译文都是由同一名口译员从意大利语翻译成英语的。

FOOTIE 语料库主要应用于同声传译的研究，其材料具有高互动性的对话体特征，因此可以与常见的会议问答环节进行比较。在研究这种语料库时，必须注意口译的听众的独特性。除了在现场的记者和工作人员等直接听众外，还应考虑全球的球迷和媒体工作人员等对新闻发布会有间接关注的人群。这种多层次听众的存在，为研究同声传译中的一些现象提供了新的视角。

2. 专门用途口译语料库

除了上述两个大规模的机构创建的口译库外，国外还存在一些由研究人员自建的小规模口译库，用于研究特定问题。这些库特异性强，通常为解决特定问题而设立，尽管其规模较小，影响力和应用性不如前两者，但它们的语料使用和实验方法为口译研究开拓了新的领域，值得学习。

例如，Meyer（2008）开发了一个专用于研究交替传译和同声传译中人名处理的语料库；Petite（2005）设立了一个专门研究同声传译修正机制的语料库；Cencini（2000）构建了一个旨在研究电视翻译特征的语料库；Fumagali（1999 至 2000 年）创建了一个专用于研究英语到意大利语时事交替传译特点的类比和对应语料库等。虽然这些专门为口译研究而设计的语料库的应用和影响力无法与大型口语语料库相比，但它们的使用方法和实验方式开创了口译研究的新领域，值得借鉴。

五、中国大学生英汉汉英口笔译语料库

由我国的文秋芳教授等专家建立的中国大学生英汉汉英口笔译语料库（简称 PAC-CEL），是一个大规模的学习者语料库，它内含中国大学生从英文到中文，以及从中文到英文的口译和笔译的语料库。该语料库不仅为中国口笔译研究提供了丰富的数据资源，也为口笔译教学、测试以及教材编写等方面提供了重要的参考依据。

PACCEL 语料库主要包括两个子语料库，即口译对应语料库（PACCEL-S）和笔译对应语料库（PACCEL-W）。

该语料库的建立采用了先进的技术和方法。所有录音文件都经过数字化转录处理，并且采用广泛兼容的 MP3 格式进行保存。此外，为了方便检索和分析，每个音频文件都以年份、组别和序列号来命名。对于文字转写，这个语料库不仅完成了源语言和译文在句子级别的对齐，而且还包含了原生文本和词性标注两种形式，这为口译和笔译研究提供了更精确和详细的数据支持。

PACCEL 词库中收集的口语素材主要源自全国统一口试——TEM8 的测试部分，其材料都具备深度的针对性和清晰的选材范围，因而在语料的一致性上表现卓越。另外，由于材料完全按照 TEM8 考试的标准选取，所以在测试准则上，该语料库也展示出了高度的符合性。这些因素共同决定了该语料库在代表性方面的突出优势，对于研究者进一步了解中国学生学习英语的过程具有重要的意义。

该语料库不仅具备较高的研究价值，也具有广泛的教学、研究、测试、培训以及教材编写等方面的应用价值。但这个语料库是一个学习者语料库，其研究领域仍然存在一些限制。为了更有效地利用 PACCEL 语料库进行学习过程的研究和比较，编者建议在这个语料库中添加与口译输出进行比较的笔译文本语料库。

相比之下，国外的大型口译语料库通常具有明确的研究目标、清晰的研究对象以及科学的后期处理方式。这些语料库通常兼备常规和专门用途语料库的特点，从而为口译研究提供了更为全面和准确的数据支持。

总体而言，我国口译语料库的发展仍处于起步阶段，已建成的语料库主要用于英语教学领域。若要进行口译研究，仍需进一步控制语料涉及的变量。

第二节　多模态语料库

一、什么是多模态语料库

多模态语料库是近年来随着科学技术和计算技术的快速发展而产生的新事物，它通过采集、整理和储存音频、视频以及文字等多种语言资料，为语言学研究和应用提供了全新的视角和方法。多模态语料库不仅具有广泛的应用前景，也为口译研究、口译教学以及机器口译系统的开发等提供了强有力的支持。

在口译研究领域，多模态语料库具有显著的优势。传统的口译语料库主要关注语音到文字的转换，这种转换方式存在一定的问题，如信息丢失、时间属性不明确等。相比之下，多模态语料库能够将口语资料与文字资料进行有机地结合，不仅提供了完整的语言信息，还包括了语气、手势、面部表情等非语言信息，从而提高了口译场景的真实性和准确性。此外，多模态语料库还可以为口译教学提供丰富的素材和经验，帮助学生更好地掌握口译技巧和方法。

除了在口译研究领域的应用，多模态语料库还可以用于机器口译系统的开发。通过对多模态语料库的深入研究和挖掘，机器口译系统可以更好地模拟人类口译员的工作流程，包括对语境的理解、语言的转换以及非语言因素的管理等。通过利用多模态语料库，机器口译系统的翻译质量和准确性可以得到显著提高，为用户提供更加便捷的语言交流服务。

总之，多模态语料库的建立和应用为语言学研究和跨语言交流提供了全面、准确和实用的支持，为口译研究、口译教学以及机器口译系统的开发注入了新的活力。随着科学技术的不断进步和研究的深入，多模态语料库在未来的语言学研究和应用中将发挥更大的作用。

二、多模态口译语料库建设框架

（一）建设意义

多模态语料库的建设具有重要的意义。它不仅可以将语言符号和非语言符号进行有效的转换，还可以建立一个全面的、系统的语料数据库，使得学习人员能够通过多模态语料库获得实用性的知识。多模态语料库的建立规范了译者的语言、语气、姿势、手语等，将人的行为真实地记录下来，从而真实地反映出不同状态条件下语言的正确表达方式。

多模态口译语料库是口译学习中不可或缺的重要工具。近年来，许多学者对口译语料库进行了大量的研究，并构建了一系列口译语料库，取得了较为理想的研究成果。这些研究不仅丰富了我们对口译过程的理解，而且为口译教学和培训提供了有价值的资源。

但是由于单模态的转换的局限性，许多重要的信息在转换过程中丢失了。为了弥补这些信息的缺失，一些研究者尝试用多种方法来为语料添加时间信息。例如，日本的名古屋大学的"CIAIR 同声传译语料库"运用了线性时间转录方式，在语料的初始和结束处做标注，以表明信息输入的精准时间，然而，这种方法并不能完全实现精准的时间标注，因为副语言信息通常难以实现，且标注标准难以统一。因此，在语料的停顿副语言中，无法具体录入语言的停顿时间，导致语料口译研究的可靠性受到一定影响。

综上所述，多模态语料库的建设具有重要的意义。它不仅可以提供一个全面的、系统的语料数据库，还可以规范译者的语言和行为，真实地反映不同条件下语言的正确表达方式。这些都有助于提高口译学习者的口译质量，改善学习效果。

（二）建库步骤

从以上对国内外主要口译语料库的回顾可以发现，建立口译语料库一般要遵循以下五个步骤：

第一步，确定口译语料库类型。建库的首要任务是根据研究目的来决定建立什么样的语料库，例如对应语料库、类比语料库或是兼具两者。这一步对于后续的建库工作有着至关重要的影响，建设者必须明确目标并做好长远规划。

第二步，录音/录像。录音可以分为两种方法：现场录音和实验室录音。在录音过程中，为研究目的获取录音权限非常重要。特别是现场录音，需要获得来自多方（如发言人、口译员和会议组织者）的许可。这是建立口译语料库的一个挑战，因为口译员通常有自我保护意识。此外，一些会议材料可能有版权保密要求，这使得获取真实的口译材料变得困难。交替口译的录音由于是单声道的，相对简单，可以使用通用的录音设备或软件进行录音。相反，同声传译需要立体声音频，因此对录音设备有更高的技术要求。实验室录音可以使用录音软件，而现场录音需要与同声传译室的输入和输出设备兼容的录音设备。此外，如果条件允许，录音过程可以转化为拍摄过程，因为视频信息对后期分析至关重要。

第三步，录音/录像资料数字化。某些音频或视频资料，只有通过专门的软件处理才能使计算机读取（Machine Readable）或分析。Pinnacle Studio（9.0）就是一种可以用于数字化处理的软件，它用于捕捉和编辑影音文件，文件格式为FLCmpeg1。通常我们在口译数字化方面使用的是如 Cool Edit-Pro2.0 等声音编辑软件，其格式为 .wav，采样速率为32K，为单声道音质，采样分辨率可达8Bit。优秀的音质为研究语音特征如停顿、犹豫的分布等提供了良好基础。

第四步，影音文字转写。换言之，我们需要将其转化为易于阅读和应用的机器可读格式。同时，我们也需要确定要遵循的转写法。国际上广泛采用的是 TEI（Text Encoding Initiative）转写法，如英国国家语料库（BNC）所使用的就是这种规则。在技术上，我们可以借助语言识别软件，如 Dragon Naturally Speaking 和 IBM ViaVoice 等，进行高效的转写，它们可以为我们提供初稿，然而，目前汉语语音识别软件的技术仍然处于不成熟阶段，错误率非常高。因此，真正的转写工作还需要依赖人工，这也是最为耗时和费力的部分。在后期，我们需要通过再次听写来对初稿进行进一步完善，特别是对于语言特征，比如未完成的句子、错误的发音，或者不符合语法结构的表达。

第五步，标记文本和进行对齐。在完成文字转录后，需要对文本资源进行标记和对齐，以便进行后期分析。可以根据研究目标为文本标记设置搜索条件，对于源文本和翻译文本的对齐，我们需要依赖对齐软件，主要适用于语料库。另外，我们还可以附加额外的注释，例如增加语言学或非语言学特征：语法、韵律特性，甚至讲话者的肢体语言、幽默使用等。

（三）建设实践

在多模态口译语料库的建设过程中，建设人员应根据自身的认知与想法，科学合理地构建多模态口译语料库，不应被代表性难题所困扰。在建设过程中，语料库的类型、语料的采样方法以及建设何种类型的语料库，都需要视需求、条件等具体情况而定。建设人员在设计语料库时，应根据研究目的和研究条件来确定所需的容量。建设者应以学习者的兴趣、需求等为导向，建立与自身研究长期相关的专业语料库，逐步增加语料扩大容量，并运用于教学和科研，尽量实现教学与科研的统一。

在多模态口译语料库的建设过程中，建设人员应将语言的意义和功能作为语言研究首要考量因素；尊重数据，尊重文本，尊重使用；坚持形式与意义的统一，将形式结构与意义功能融为一体。同时，与传统的语言学研究的思想理念及原则方法等进行对比分析，体会语料库语言学的思想理念与原则方法的独特之处，特别是要体会语料库建设的基本原则与技术方法，理解扩展意义单位在语言中的地位和作用，掌握扩展意义的识别方法。

在构建多模式口译语料库时，建设者应该确保收集的语料能够尽可能全面地覆盖具体语言在各方面的合理比例，如语言领域、作者性别、作品年份等，目的是确定其特定的言语行为的普遍规律。

口译活动具有一定的实践特性，多模态口译语料库的建设应该加强对于口译文本特征、口译操作以及相关规范口译现象等知识面的研究，同时强调口译研究的结论对于口译教学工作的时间价值。这样才能够使针对口译学习人员的学习参考价值凸显出来，提高口译学习与教学的整体质量，提升口译实践的效果。

口译语料库需要录入大量的真实数据，同时以数据的统计和分析为基础，维持口译语料库的定量平衡。其中口译操作的特征以及信息传递是口译活动的主要认知机制，其通过大量数据进行解释和分析，同时借助相关领域的专业性理论知识以及实践经验的积累，来分析隐含的相关规律性。

多模态口译语料库在现阶段是一个全新的项目，社会对于语料库的建设和应用相对较少，这就导致多模态口译语料库的建设会遇到极大的难题和考验：对于语料中的切分标注、处理过程极为复杂，在整个讨论学界中尚未明确规定出一个统一的标准，并且由于在构建过程中使用的工具不同，建成后的文件格式不兼容问题较为普遍。这些问题都不利于多模态口译语料库的建设发展，日后的整合以及广泛应用将会面临巨大的挑战。

若要建立多模态口译语料库，就必须提高对诸类问题的重视程度和关注度，并在不断的建设探索过程中寻找有效的应对处理办法。从多模态语料库的长远发展来看，达成统一标准，将已经完成标准的口译语料形成各个语料库中的交流分享机制，通过检索和统计对其展开深入的研究，并促成口译语料库的广泛应用，有助于多模态语料库中的口译研究更加持续发展。

英语是目前世界性的通用语言，建立一个科学完善的多模态口译语料库，能够进一步提高口译学习者的水平。同时，在语料库构建过程中，建设者要不断地探索并掌握语料库构建的要点以及需要克服的难题。另外，它对我国口译专业教学实践的创新改革也有着极大的影响。在口译教学实践中，教师应改革目前的教学模式，结合多模态口译语料库对学生进行教学实践，进一步培养学生的英语口译能力。另外，教师应在不断的教学与研究过程中对多模态口译语料库进行相应的完善。多模态口译语料库的建设能够为口译统计语言建模以及分析提供有效的数据，并对在线口译教材开发有很大的帮助。

（四）多模态口译语料库建设过程中的挑战与阻碍

相较于传统的文字语料库，多模态口译语料库在建设过程中遇到了更多的难题和阻碍。这些挑战和阻碍主要表现在以下几个方面：

首先，口译语料库的建设工具严重缺乏。目前虽然有许多应用于语料库建设的工具，但这些工具大多无法完全适应口译语料库的建设需求。这些工具在处理音频、视频等非文字型语料时存在诸多限制，无法满足口译语料库对数据的完整功能需求。同时，这些工具在数据格式兼容方面也存在许多问题，给数据的统计和整合工作带来了不小的挑战。

其次，多模态口译语料库的建设需要耗费大量的人力与物力。同时，对数据进行预处理如切分、标注等过程需要人大量的人力投，这也是一项艰巨的任务。有相关研究表明，专业人员建立一小时的语料资料，所花费的时间大约为 100 个小时，可见人力成本之高。现在的 ELAN 软件能兼容各种格式的音频和视频软件，并提供不同的工作方式，可以进行多级标记，标记内容也可以自定义，比其他软件的操作更加便捷。

最后，多模态口译语料库虽然能完整、真实地还原数据信息，但在教育教学模式上仍相对传统。传统的教学模式对学生的管理较为封闭，不够开放和灵活，这与当前社会对人才的需求形势不符，因此也限制了教育培养的效果。另外，传统教学模式过度依赖理论性教学，导致学生的实践操作能力相对匮乏，学生的自我管理能力、自我教育以及自我认识也呈现出不足。再者，由于缺乏有效的教学秩序维护手段，学生接收知识的全面性也受到了一定限制。

总之，虽然多模态口译语料库的建设面临诸多难题和阻碍，但随着技术的不断发展和完善以及相关研究人员的不断努力，我们有理由相信这些问题会逐渐得到解决。未来，多模态口译语料库必将在口译教学和研究中发挥更大的作用，为培养更优秀的口译人才提供强有力的支持。

第三节　语料库翻译学

一、语料库翻译学的定义

翻译研究一直重视语言和文本的比较，这种重视在理论上主要借鉴了语言学，而在方法上主要采用了描写法和比较法。Baker 在《语料库翻译学理论研究》一书中指出："语料库支持的翻译研究焦点已经从原文和译文或从 A 语言和 B 语言的对比转向了与翻译对比的文本生成。"此外，她还引入了"基于语料库的翻译研究"的新概念。在此之后，Tymoczko 在《语料库翻译研究》一书中，将基于语料库的翻译研究称为"语料库翻译学"。Laviosa，是 Baker 的学生，他在文章《语料库翻译学：一种新范式》中做了进一步的阐释，认为基于语料库的翻译研究构成了翻译研究的"新范式"。

由于基于语料库的语言学研究通常被称作语料库语言学，那么，我们可以把"基于语料库的翻译研究"简称为语料库翻译学。语料库翻译学的定义是：引导语言理论和翻译理论，将概率和统计作为研究工具，对大量双语实际语料进行研究，结合语内对比和语际对比的研究方法，来描述和解释翻译现象的历史性或同步性的研究，这是一种旨在探讨翻译本质的翻译学研究方式。

语料库翻译学之所以被认为具有语言学理论背景，是因为它的理论起源直接来自英国语言学的传统思想，包括 J.R.Firth、M.A.K.Haliday 和 John Sinclair 的代表性思想。

这一学派主张以实际数据进行语言研究，即以实际文本为主要研究对象进行实证研究，认为内省式例证是解释行为的一部分；视文本整体为研究的基本单位，以对比为基于文本语料研究的基本模式。这些观点一方面颠覆了传统语言研究根据内省数据进行演绎，制定规定性规则系统的方法；另一方面，改变了过分关注语言本身，忽视了言语的偏见的行为，转为在特定的社会文化环境中对具体语言使用进行描述和解释，这些都为语料库研究提供了理论支持。

大型语料库可协助翻译研究者重新审视他们的研究对象，探讨其与其他研究对象的区别，以及研究影响翻译行为的准则和翻译过程中的限制性因素。描述性翻译研究采用了真实语料库的方法，摆脱了内省法，以实现对翻译现象的解读和预测。所有这些都为基于语料库的翻译研究范式提供了直接的理论支持。

总的来说，无论是基于语料库的研究还是受语料库驱动的研究，都给研究者提供了大量新的课题，从而吸引了更多的研究者，甚至有可能打破原有的研究模式，带来新的观点和进步。

二、语料库翻译学的基本理念

自 20 世纪后半叶以来，翻译研究仍在主要聚焦于译文与原文的关系探索上，这种观念常常将译文作为原文的延伸考察，这样的理论研究基本上是对译文质量的追溯评估，这在一定程度上限制了翻译研究的深入开展。从翻译研究的角度出发，语料库翻译学的两种理论发展获得了特别的支持。

首先，语义观逐渐转变为情境观，这一点突破了传统的"对等"概念，然而，情境观的提出者们将"对等"视为在一定社会文化情境中语言使用的对应，这无疑更全面地涵盖了翻译过程中可能遇到的各类情况。

其次，描写翻译研究范式的出现打破了原作的主宰地位，然而，描述翻译研究已经主动摒弃了这种方式，开始更加重视语言间的相互影响及其结果以及目标语言文化内在要素对翻译活动的各种遏制。这个转变表明，翻译研究已经不再仅仅研究语言本体，而是将翻译研究看作一个多元学科的领域，从各种角度进行审察。

在这个背景之下，语料库翻译学诞生了。它以翻译本体为其研究主题，通过大规模的翻译文本或整体翻译语言进行研究，采用语内比较和语际比较相结合的方式来描述和解释翻译现象，以便探索翻译的本质。语料库翻译学挑战了传统翻译研究的局限性，将翻译学推向了一个更深、更全方位的领域。通过对大规模翻译文本数据的分析，语料库翻译学不仅揭示了翻译过程中的规律和现象，也为翻译理论的研究提供了有力的支持。

总的来说，语料库翻译学的基本理念可以概括为以下几点：

1. 以大规模翻译文本数据为基础：通过收集和分析大规模的翻译文本数据，语料库翻译学研究者能够更深入地了解翻译现象和过程。

2. 使用内语比较和跨语比较相结合的方法：语料库翻译学融合了内语比较和跨语比较两种方式，以多角度对翻译现象进行描述和解析。

3. 以翻译本体为研究对象：语料库翻译学关注的是翻译本体，即翻译本身所涉及的各种因素和过程，而不仅仅是原作和译作的比较。

4. 强调社会文化情境的影响：语料库翻译学认为社会文化情境对翻译过程和结果有重要影响，因此研究翻译现象必须考虑其所在的社会文化情境。

5. 推动跨学科研究：语料库翻译学提倡跨学科的研究视角和方法论，将翻译研究与语言学、社会学、人类学等其他学科结合起来进行研究。

三、语料库翻译学的研究内容

语料库翻译学作为基于语料库的研究，借鉴了语料库语言学的基本方法，包括对语料的整理、标注、检索、统计等。首先，语料库翻译学所依赖的语料库主要是双语语料库，包括翻译语料库、对应语料库和类比语料库。

双语语料库的标注部分较为复杂。比如，对于翻译语料库，需要细致地标注翻译、译者等因素，以便研究人员深入理解翻译的过程和结果；而对于对应语料库，则需要对两种语言进行句子或其他层次的对齐处理，才能比较和分析两种语言在结构和语义上的相应关系；对于类比语料库，需要将文体、主题、作者、译者等因素进行信息标注，使得研究人员能在多个角度上比较和分析两种语言的特性和差异。

另外，语料库翻译学主要研究的是两种语言和它们的转换过程、性质和规则，而传统的翻译学研究的焦点主要在于译文和原文的关系。因此，语料库翻译学在研究内容上具有更广阔的视野和更深入的探究。

传统的翻译研究以原语文本为参照，以忠实程度为取向，主要探讨译文与原文的关系新范式。

通过大规模的翻译研究，包括对翻译教育、翻译风格的研究以及对关键词组合频率等统计数据的查询和分析，语料库翻译学能更系统地呈现翻译现象的规则和特性。同时，基于语料库的自动翻译研究将机器翻译与语料库翻译相结合，以期取得实质性的突破，为自动翻译提供更便利可行的途径。此外，描写翻译研究通过更广泛、更有效的手段探究翻译的规范和翻译普遍特征或共性，为深入理解翻译现象提供了新的思路。

Mona Baker 是首批从事语料库翻译学的研究者。在《语料库语言学和翻译研究》的文章中，她对这两者的结合做了详述。在大规模的翻译研究领域，例如翻译文体的研究，她在 2000 年首次从语料库的视角去研究译者的文体特征，尤其是关于类符与形符比、平均句长及词项使用特性等方面的分析。

第二个研究方向主要是将基于规则的研究方法同基于语料的研究方法相结合，为自动翻译寻找出更便利可行的途径。

语料库基础上的描绘翻译研究是第三个研究方向，集中在翻译的普遍性问题的分析上。在众多前人的研究成果基础之上，Baker 提出了一系列关于翻译普遍特性的假设，这些主要包括翻译文本中的显现、消除歧义、简化和规范化、避免重复以及强调目标语言特性等，某些特质呈现出特定类型的分布。通过对这些普遍性特征的深入研究，我们可以对描绘翻译研究有更全面而深入的理解。

在这三个主要的研究方向之外，还有许多学者在语料库翻译学领域进行了有价值的研究。例如，Laviosa 探讨了英语翻译文本中四种核心词汇的应用模式；Kenny 通过比较源语和目标语，发现了译文中存在的"净化"现象；Overas 研究了英语—挪威语翻译的衔接现象；王克非基于大规模双语语料库讨论了译文扩充的情况。Laviosa 还对译文和源语的词汇使用差异进行了分析；柯飞用语料库发现，对源语的模仿可能使译文变得复杂和冗长；Xiao & McEnery 发现汉译英的"体"标记的使用，比汉语原文多一倍；Ebeling 对英语和挪威语的存在句的使用进行了比较；Maia 使用双语语料库研究英语和葡萄牙语在人称主语使用频率上的差别；等等。这些研究从多个角度展现了翻译过程中的规律和特点，并为更深入地理解翻译现象提供了新的视角和依据。

四、语料库翻译学的基本途径

从以往的翻译实践和论述来看，传统的翻译研究途径以源文本为参照，以忠实程度为取向，主要探讨译文与原文的对应关系。因此，近 30 年来，国内外学者不断尝试打破这种格局，探讨新的研究途径。

Even Zohar 等人在多元系统理论中阐述了翻译受到语言局限及社会文化影响的观点。他们指出，翻译现象是目标语言的文化语境等多种因素综合影响的产物。这一理论的提出，提升了目标语文化语境在翻译研究中的重要性，为我们理解翻译现象提供了更为全面的视角。

此外，Holmes 和 Toury 等人在描写翻译研究中提出了翻译规范的研究方法。他们认为，翻译不仅是两种语言的转换过程，还受到各种规范的约束。这些规范可能存在于语言内部，也可能受到语言外部因素的影响。因此，描写翻译研究需要探究翻译的普遍性特征，以及这些特征在不同语境下的表现和作用。

语料库的发展，特别是双语语料库的研发，为描写翻译研究提供了有力的支持。这种方法逐步从单纯的方法论发展成为连贯、综合、丰富的范式，为翻译理论、翻译的描写和实践提供了重要的支持。

通过基于语料库的翻译研究途径，我们可以对翻译现象进行全面、深入的研究。这种方法论强调概率和统计手段的应用，通过对大规模双语真实语料的检索和分析，发现翻译现象的规律和特征。此外，基于语料库的翻译研究还重视对比分析源语文本和目标语文本的对应关系，探究翻译过程中的转换和变化现象。这种方法能够为我们深入理解翻译现象提供重要的证据和支持。

基于语料库的翻译研究途径不仅为我们提供了更为全面和客观的研究方法，还能够促进不同学科的交叉和融合。也就是说，将语料库语言学和翻译学相融合，创建了一个全新的学科领域——语料库翻译学。这个领域以庞大的双语实用语料库为基石，进行全面且客观的翻译现象研究。通过这门学科的研究，我们可以深入探究翻译过程中的转换和变化现象、翻译的规范和普遍性特征等问题。此外，语料库翻译学还为我们研究不同语言的互译现象提供了有力的支持。

总之，基于语料库的翻译研究途径为我们理解翻译现象提供了更为全面和客观的方法。通过大规模双语真实语料库的建立和应用，我们可以深入探究翻译过程中的转换和变化现象、翻译规范和普遍性特征等问题。这些研究不仅有助于我们更好地理解翻译的本质和规律，还能够为我们提升翻译质量和提高效率提供重要的支持。

第四节　语料库翻译学研究

一、研究课题

（一）翻译共性研究

翻译共性研究是语料库翻译学的主要组成部分，旨在通过探索翻译语言的全局特性，揭示翻译行为的规律和普适性。这些特性是基于译文语言作为一种实在的语言变体，在全局上与源语或目标语创作语言相比的语言特性规律。翻译共性研究采用跨学科的研究方法，借助语言学、统计学和计算机科学等领域的方法和技术，通过创建和使用大规模双语真实语料库，寻找并归纳每个案例之间的翻译语言的相似性，实现对未来或尚未研究的案件的预测。

Chesterman 曾明确表示，只有通过探究单一案例间的相似性并将其归纳，一门科学才能对未研究或还未进行研究的案例做出预测，从而有所进步。这种科学研究方法在翻译的普遍性研究中得到了深入应用。通过对大量翻译文本和对照文本的观察和分析，研究人员可以发现翻译语言的特征和规律，并将这些特征和规律进行分类和归纳这些特征可以包括翻译语言的词汇、语法和语篇等方面的特征。

翻译共性指的是翻译语言作为一个独立存在的语言变型，揭示的是相对于源语言或目标语原创语言的全局性规律和特点。Chesterman 将其分为源语型共性和目标语型共性两大种类。前者关注的是源语文本和译文的语际比较关系，重视翻译者对源语文本的处理方法；后者涉及的是目标语中翻译文本和非翻译文本的内部比较关系，主要关注翻译者对目标语言的处理方式。

Baker 定义的"普遍翻译特征"就是这种情况，这是翻译文本中常见的语言特征，且这些特征并非来自特定语言系统的干扰。这些特征可以在不同的翻译文本中反复出现，表现出一种跨语言的普遍性。

柯飞所阐述的"翻译共性"属于前面的类别，表明"译文展示的与原文不同的、典型的、跨语种的、具有普遍性的特质"。这些特性是通过对比源语言文本与译文而得出的，它们能够揭示译者在翻译过程中的处理手法及语言的特性。

近年来，讨论翻译共性的话题涵盖了显化、隐化、简化、范化、集中化、整齐化、非典型搭配、干扰和独特项等方面。这些特性是从语言学因素开始研究的，通过用语内、语际或两者的结合，利用概率和统计方法，尝试了解语言的相互作用在语言层面上的表现以及翻译语言的规律性特征，并从语言本身以及外部进行解释。这些研究方法和发现不仅有助于我们认识翻译现象的本质，还有助于我们了解翻译行为的影响因素和制约条件。

Baker 强调，翻译共性研究旨在识别翻译文本的显著语言特征，这不仅揭示了"第三种语言"的本质，更有助于理解影响翻译活动以及隐藏在这类特殊语言形式以下的各种特定约束、压力和驱动因素，从而实现对翻译现象的深度理解。这种研究目的和方法论可以帮助我们更好地理解翻译的本质和规律，从而为翻译实践和教学提供更好的指导。

在多种语言中，关于翻译通性的实际研究表现出不同的结果，包括支持和质疑现有理论。吴昂和黄立波认为，产生怀疑的主要原因在于对研究对象的定义和对各种变量的关注与控制。例如，在译者因素问题上，可以从译者文体或翻译文体学的角度，研究不同译者翻译同一原作或同一作者作品的差异。另外，也可以讨论译者是否应将外文译成母语，或将母语译入其他语言，这涉及翻译方向的问题。当前，"英译汉"的文本大多是以汉语为母语的译者翻译的。而在"汉译英"的文本中，可以看到有汉语母语的译者、汉英合作的译者和英语母语译者三种情况。但后两种情况较少，这也是影响语料平衡的一个因素。

研究各类翻译文本所展现的语言共性有助于我们更深入地了解翻译的本质。在2004年，Toury 提出，研究翻译的共性应既不过于具体，也不过于高层次。相反，应采用可能性的思维模式去理解它，并用条件性的描述方式解释和描述这一现象；探索翻译共性不是一个存在与否的问题，而是一个解释力的问题，也就是如何运用各种概念工具更好地解释翻译现象。这种研究思路和方法论可以帮助我们更好地理解和解释翻译现象的本质和规律。

（二）翻译文体研究

在翻译研究领域中，对于翻译文体的探讨由来已久。Venuti 在 1995 年的《译者的隐身》一书中，采用"隐身（invisibility）"这个词来描绘当下英美文化下译者的行为和因此带来的社会地位。他指出，译者在迎合读者的喜好时，过度使用归化的"流畅"译法，导致了译文呈现出"透明"的情况。这种译者的隐身现象在社会中普遍存在，并且对翻译界产生了深远影响。

在 1996 年的《翻译与文本的变异》中，Hermans 指出，翻译的叙述话语在文本里展现出多种声音，并以不同的方式表达。他把叙述中的"第二种"声音定义为译者的声音，作为译者话语表现的象征。这种理论强调了译者在翻译过程中的主动性和创造性，以及他们在翻译文本中的存在和贡献。

在 2002 年，Hermans 在他的著作《翻译与权力游戏》中进一步强调，在译文中，可以明显识别出译者的独特声音，译文并不是对原文的直接复制，而是一种包含多元、分散、混合和多声部特征的双重文本。边注、脚注、括号注释以及序言等译文外围文本形式都显示出两种不和谐的声音同时存在于译文中，因此，用"透明"来评价译文过于粗浅。这些研究主要是探索译者特定的存在方式，从翻译策略和翻译的社会表现形式出发，从语言的外部角度来观察翻译的总体特征。

语料库翻译研究模式则将译者以语言和非语言形式所表现出的风格均作为研究对象，扩大了翻译文体的范围。在这种观点下，翻译文本被视为一种独立的文学现象，具有其独特的艺术价值和美学特征。

在《翻译研究的文体学视角》这本书中，Baker 将文体解释为"文本内保留的一系列具有个性化的语言和非语言特征"。她提出，翻译的文体由译者的选材、所采取的特定策略、前言、后记、脚注、文内词汇注释等构成，其中最为关键的是个性表达方式，即特定的语言应用习惯。因此可以看出，Baker 所定义的翻译文体是一个广阔的概念，这些特征是译者在翻译过程中不自觉产生的，并且在一定的时间段内保持相对稳定。

在 Baker 的理论框架下，一个典型的翻译文体的研究可能包括以下方面：首先，对源语文本和目标语文本进行比较分析，以揭示翻译过程中的语言和非语言特征；其次，对译者所使用的策略和技巧进行分析，以了解译者的风格和特点；最后，通过对翻译过程的研究，探讨影响译者文体的各种因素，包括文化中介的需要、读者期望、意识形态以及编辑与修改等。

在这个领域内，已经有许多学者进行了相关的实证研究。举例来说，Olohan 以"调查个体译者的缩略词模式"和"利用关键词分析去理解译者的词汇选择"两个案例，介绍了对译者文体研究的实际操作。她强调，文化中介需求、读者期望、意识形态以及编辑和修订等因素都会对译者的文体产生影响。这些因素在不同程度上影响着译者的风格和表现方式。

在《翻译的文体学：理论与实践》一书中，Malmkjer 以 H.W.Dulcken 对 Hans Christian Andersen 的作品进行的英文译本为例，深入探讨了译者的文风。她首次引入了"翻译文体学"的概念，关注的焦点是在源语言文本已确定的基础上，译者何以用特定的方式塑造译文。对此的理解不仅需要考虑语言因素，还需要从诸如翻译准则和目标语言文本的目的等非语言因素出发。虽然这个领域的研究还有许多未竟之处，但已经有许多学者在这方面进行了尝试和探索，为后续研究提供了有益的思路和参考，然而，这些研究仍然存在着一些局限性，例如研究所选用的语料规模较小，而且仅限于文学翻译，这在一定程度上影响了研究的可靠性和普适性。因此，未来的研究需要进一步拓展研究的范围和深度，以更好地揭示翻译文体的本质和特征，为翻译实践和理论研究提供有益的启示和建议。

（三）翻译过程研究

翻译过程研究是翻译研究的一个重要分支，其研究对象是译者大脑中的转换活动。

由于这种活动无法直接观察，因此研究者只能通过对比源语与目标语文本，以推测的方式归纳译者在翻译过程中所采取的策略。

自 20 世纪 80 年代以来，有声思维法的应用使翻译过程的研究进入了一个新的阶段。这种方法不仅为翻译研究提供了更为直观的数据，而且为翻译过程的研究开辟了新的视角。

Shlesinge 探讨了语料库辅助的口译研究的可行性，将口译研究纳入语料库翻译研究的视野。他认为，基于语料库的翻译研究可以帮助我们更好地了解翻译过程中译者的实际操作和思考过程。Englund-Dimitrova 利用有声思维法和计算机记录写作过程等工具，对从俄语到瑞典语的翻译中转折连词的显现与否进行了深入探讨。他的研究特色是结合了追踪翻译过程的源文本和翻译文本本身，以深入研究翻译过程。

研究传统翻译过程的限制在于仅从文本推导出翻译过程，然而，建立大型的翻译过程语料库可以让翻译研究者更直接地分析源文本形式的翻译过程。这种语料库的研究方法不仅增强了研究的可靠性，也为翻译研究提供了更为广阔的视野。此外，随着语料库语言学和计算机技术的不断发展，我们还可以利用语料库对翻译过程中的各种因素进行分析，例如译者的语言背景、翻译时间、翻译环境等，这将有助于我们更深入地了解翻译过程的复杂性和译者的实际操作情况。

综上所述，翻译过程研究是一个充满挑战和机遇的研究领域。基于语料库的翻译研究方法为其提供了新的思路和方法，有助于我们更深入地了解翻译的本质和译者的实际操作过程。随着技术的不断发展和语料库的不断完善，我们相信未来对于翻译过程的研究将会取得更为显著的成果。

（四）翻译应用研究

在翻译研究领域中，双语对应语料库和类比语料库的应用主要集中在译员培训、翻译教学以及相关软件开发等方面。

Bernardini 在他的研究中提到，运用平行语料库检索在翻译教育中，能够提高翻译专业的学生在翻译的"意识""反思"和"适应性"方面的能力。他强调了通过比较源语文本和翻译文本，学生可以理解源语和目标语之间的关系，培养翻译意识，同时，类比语料库的应用则可以帮助学生理解目标语中非翻译文本的参照功能，培养翻译反射和应变能力。

Chesterman 提出了三个建议，以培养学生的翻译意识。首先，他建议为学生提供各种类型的翻译文本，包括文学、非文学以及不同领域的文本，以便他们能够将源语文本与翻译文本进行比较，从而更好地理解源语和目标语之间的关系。其次，他提出了使用多种方法转译同一原文的建议，以便学生能直观地理解原语和译语在实际应用中的差异。最终，他建议学生研究翻译案例中源语言和目标语言的不恰当对应，尝试提出新的翻译方案。

这些方法旨在从翻译产品入手，通过观摩、对比、分析、借鉴的方式发挥学生的主动性。在他的研究中，Zanetin 演示了如何利用小型通用或专业双语语库来加强学生对原始语言文本的理解，并增强他们的目标语言表达技巧，使之可以应用于学生自学课程。

Bowker 进行了一项对比研究，他选择了两组翻译文本：一组是采用传统翻译方法，如使用词典等参考工具；另一组使用专业的单语语料库作为辅助工具。研究发现，后一组在理解主题、选择术语和习语表达等方面表现出显著的优势。这表明将语料库作为辅助手段进行翻译教学，可以帮助学生更好地理解和掌握翻译技巧。

Monzo 强调，翻译学习者实际参与到翻译过程中是了解翻译的最佳方式。利用双语对照或相似语料库，学生能直接观察源语言的规则，并且能熟悉翻译文本的特性，这有助于他们对翻译转换建立起直观的理解。

通过进行双语对照语料实验，王克非证实了学生能够依据自身的观察、概括和总结来掌握翻译技巧。这种方式助力学生在翻译实践中对自身的翻译行为进行即时评估或反思。

按照类型来区分，应用语料库主要可被分为两种：对应语料库和类比语料库。前一种主要针对的是译者在语言转换过程中的翻译行为，其目的是抽取双语词汇，并供译者学习他人的翻译策略用；后一种的主要目标是非翻译文本，它提供了一个参考，以便学习者查找常用表达，识别特定文本类型中的标准表达模式，并为解决特定问题提供了依据。

在内容方面，应用性语料库可以被划分为通用型、特殊型（抽取术语和双语词汇）和学习型三大类别。通用型语料库对所有类型的译者都适用；特殊型语料库，如法律、商业贸易等，可以为专业的翻译工作者提供支持；学习型翻译语料库则以学习者自身的翻译文本为语料，可用于分析翻译中的错误等。

Olohan 强调，网络可以在翻译实践中作为参考资源，其中在线语料库和翻译记忆系统可以扮演该角色，然而，虽然语料库有着方便、快速、信息充足的优点，但我们仍应警惕其在实际应用中的限制。特别的是，Olohan 警告，不能因为语料库的便利性而过度夸大其在实际应用中的用途，因为语料库本质上是静态的文本，受时间限制的模式化方法可能会遮蔽译者的创新性。

二、研究范式

（一）语料库翻译学的范式理据

在经历了 20 世纪 80 年代的文化变迁以及 90 年代的解构主义浪潮后，翻译学不仅面临着其本体论被解构的威胁，而且在方法论上也难以创新，并进一步构建新的研究领域和理念框架，然而，正是在这种危机之中，翻译学的学科变化以及具体的翻译研究路向发生了重要变化，为语料库翻译学的兴起提供了范式理据。

首先，翻译学领域的学术变革在很大程度上源自翻译思想的转变。当前，西方的翻译理论呈现出六大趋势，即明确偏向表达形式、交流目标、交流效果、归化、译者以及译文流畅性。这些趋势，当今西方翻译理念的焦点主要集中于对翻译本身的探讨，而并非与原文的对比。这正是描述翻译思想基础的源头。

接下来，翻译研究的具体路径也经历了变化。Baker 认为，语料库研究在翻译研究中的出现有三个主要原因。首先，新视角的出现削弱了原文的地位。晚于 20 世纪 70 年代的多元系统理论对源语文本的地位产生了重大影响，主张翻译仅仅是目的语文本系统的一部分。其次，从 70 年代末开始，原文导向的对等概念逐渐被以目的语系统为基础的概念所替代。源语文本和目的语文本间关系的语义观念的衰退导致新的意义观念在翻译研究中的兴起。意义从词义转向了情境，然后转向了使用，从而推动了翻译研究中的描述倾向，特别是语料库研究。最后，在以目的语系统为基础的概念中，最重要的就是 Toury 提出的规范概念。规范是个描述分析的范畴。在引入规范观念之后，翻译研究的主要焦点已经从单一的翻译文本转向了一致性的翻译文本语料库，此外还涉及描述翻译学的兴起。自 20 世纪 70 年代开始，一些学者对翻译研究中的内省法提出了挑战，他们认为解决之道在于去观察翻译的样本，然后在此基础上进行推断和总结。

然而，翻译学研究范围对文学翻译的过度关注，使得对实际翻译中占比最大的实用翻译的理论解释变得困难，再加上其提出的翻译学"定律"在研究目标上被质疑过于规约性，而且由于并未提出实际可执行的研究方法，所以它难以发展成真正意义上的"普通翻译学"。在此背景下，自 20 世纪 90 年代中期开始，语料库翻译学开始迅猛发展。

两个主要方面反映了语料库翻译学的影响：首先，它改变了翻译学的方法论基础；其次，它扩宽了翻译学的研究范围，从而重塑了翻译研究领域。如同 Tymoczko 所言："语料库翻译研究在翻译研究进展的关键时期出现——其中，所有的争论都在语料库翻译学中得到了体现。"

虽然语料库翻译学吸收了语料库语言学和翻译学其他类型的研究成果，但这并不表明它仅是它们的延续。语料库翻译学有着自身的重要学术地位和独立特征。本节将通过比较的方式来分析语料库翻译学与语料库语言学、传统语言学翻译模型、翻译描述模型之间的差异。

首先，语料库翻译学与语料库语言学有着本质的区别。虽然语料库翻译学借鉴了语料库语言学的基本理念和基本研究方法，但两者在核心概念、研究工具和研究范围等方面有着显著的不同。语料库语言学强调对语法和词汇进行整合描写，语料库翻译学则更注重翻译过程中语言转换的特性和规律。此外，语料库翻译学通常需要依赖双语语料库，包括翻译语料库、对应语料库和类比语料库，这在很大程度上扩展了其研究范围，使其可以探究文本外的因素。

其次，语料库翻译学也和翻译研究中的传统语言学模式有显著的不同。传统的语言学模式以源语文本为指导，强调与原文的比较，目的是找到等价物。而语料库翻译学是以目标语文本为主导，更加重视目标语翻译文本和非翻译文本的比较。此外，传统的语言学范式更关注单个文本的微观转换分析，语料库翻译学则将重心放在多个文本的整体研究上，并强调不同语言间的转换过程。

最后，语料库翻译学与描写范式也有着明显的区别。描写范式鼓励各种各样的经验性、严格和描写的分析方法，语料库翻译学则更注重从数据中归纳出理论。此外，描写范式鼓励对译者"黑匣子"进行实验研究，语料库翻译学则更关注真实的口语和书面语文本。另外，描写范式的目标是建立一个普遍理论，而语料库翻译学的目标是瞄准翻译的共性，强调翻译文本本身的特质。

另外，范式验证通常涉及两个特征：首先，它们的成功结果使得一群强烈的支持者被吸引，这些支持者因此与科学活动中的其他竞争模式割席。其次，这些成功的成果提供了一系列未解决的问题，这些问题供新一代的实践者研究，且没有限制。如果存在这两个特征，库恩则将之归为"范式"。当科学社区获得范式后，他们的一项收获就是找到了在该领域选择研究问题的准则。正如语料库语言学发现了"习语原则"和"模式"，语料库翻译学也发现了翻译的普遍性或被称为翻译共性和第三种编码形式，并提出了他们自己的研究概念和工具，如频率、配对、词汇索引、分布和多元分析等。

在认知理论中，语料库翻译学将翻译的本质视为难以觉察但可以亲身体验的内在性和经验性。在存在论上，它假设翻译具有同质性，同时认为翻译的原型是不确定的。因此，我们应采用现实世界的翻译视角，而不是绝对意义上的理想化翻译视角。在方法论上，语料库翻译学强调科学工具在对真实翻译情况进行观察和研究其典型性的过程中的应用，而非依靠直觉和内省方法。杨惠中表示，语料库语言学的基本特征是以实际使用中的语言事实为研究对象，并运用概率法进行分析。语料库翻译学的基本特征是以同质翻译观为基础，研究大量实际翻译实例，并采用概率和统计方法对这些翻译实例进行分析。

确立语料库翻译学范式的地位将有助于其全盘发展与翻译学的全面进步。然而这并不意味着语料库翻译学范式胜过其他翻译学范式。不同的范式对同一现象或事实的研究可能皆有价值，主要在于它们对研究对象的处理和视角有所差异。范式决定了我们对待对象的方式、将对象视作何物以及如何看待对象。

（二）语料库翻译学的范式体系

语料库翻译学作为一个新兴的学术领域，其体系可以从两个维度进行考量和构建：一是横向的与翻译有关的语料库建设，二是纵向的与语料库有关的翻译研究。

首先，从建立与翻译相关的语料库的观点来看，翻译中的语料库可以根据语料库中的语种数量分为单语库、双语库和多语库。单语库是只含一种语言的语料库，双语库是包含两种语言的语料库，而多语库则是包含三种或更多语言的语料库。

按照语料库的功能划分，翻译中的语料库可以分成对应语料库、类比语料库和翻译语料库。对应语料库通常包含源语言文本和目标语言文本，类比语料库一般会包括原创文本和对应的翻译文本。

对应语料库根据方向性又可分为单向的和双向的。单向语料库仅含有源语言到目标语言的翻译，双向语料库则不仅包括源语言到目标语言的翻译，也涵盖了目标语言到源语言的翻译。

另外，根据时间性，对应语料库和类比语料库又可以分为共时的和历时的。共时的对应语料库和类比语料库收集的是同时期的文本，而历时的对应语料库和类比语料库收集的是不同时期的文本。

翻译语料库，如英国的 TEC，完全由翻译文本组成。使用这些语料库时，它们通常与参考语料库（如 BNC）进行比较。

Shledinger 曾探索过口译中的语料库问题，但目前的口译研究中没有专门的口译语料库。口译语料库应包含三种类型的文本：口译文本、类似情境中的原始口语和这些文本的书面翻译。

总体上，语料库翻译学的研究可以划分为三个大的层面：理论研究、描写研究和应用研究。

在理论研究，又能细分为普遍理论研究和特定理论研究。特定理论研究可以再细分为基于各种语言对的资料库的理论研究，以及基于资料库中各类文本类型的理论研究。

谭载喜先前推出的比较译学理念为构建常规翻译理论提供了有力的途径。普遍理论研究是基于具体理论探讨来研究翻译的共通性和通用原则。

此外，一般理论研究还可以分为产品普遍性和过程普遍性的研究。其中过程普遍性是通过对翻译过程的观察和分析来揭示翻译的普遍特征和原则。

在理论层面之外，应用研究也是语料库翻译学的一个重要组成部分。应用研究主要利用语料库数据和统计分析方法来解决实际问题，如机器翻译、机器辅助翻译、术语翻译等。

在以上三个层面中，理论研究是基础，描写研究是主体，应用研究是拓展。这三个层面共同构成了语料库翻译学的范式体系，为未来的研究提供了重要的框架和方向。

Toury 建议，翻译学的理论目标应该是寻找一种具有概率性的翻译"规则"。这样的规则可以表示为：当条件 X 存在时，结果 Y 的可能性将增大或减小，然而，要用单一规则全面描述复杂的翻译现象是困难的。根据徐盛桓的观点，现代语言学正在从原子论、构成论和原则论向整体论、生成论和建模论转变。我们进一步认为，翻译学的因果模型也呈现出向整体论、生成论和建模论转变的趋势。Tymoczko 的翻译作为表征的研究为我们提供了新的看法。

在构建翻译学模型方面，我们提出了两种主要的途径：外在的情境模型和内在的心理模型。在心理模型的构建中，徐盛桓以一般性关系、相似性、邻近性为基础，以推理和推导为方法，引入了"自主—依赖性分析框架"和"显式表达—隐式表达推导模型"。在语料库翻译学理论模型的构建中，这一分析框架和推导模型可以起到关键的作用。实际上，以语料库为基础、以计算机为工具的语料库翻译学成为翻译学理论模型构建的优选途径。

翻译学被 Holmes、Toury 和刘宓庆视为经验性科学，因此，描写在翻译学中具有非常重要的地位。Aarts，一位语库语言学者，在描述研究中提出，语言运用的描述模型应该满足四个需求：首先，该模型应结合定量和定性的数据描述；其次，该模型需要建立语言系统内外现象之间的联系；再次，该模型应该能描述各种变种；最后，该模型应能整合描写词、句和篇。同时，除了对语料进行内部描述，也应进行外部描述。

Tymoczko 在探讨语料库翻译学未来的发展途径时，强调了两个关键的方向：第一，整合翻译研究中的语言与文化因素；第二，探究意识形态如何对翻译产生影响。因此，语料库翻译学应充分利用其丰富的标记优势，对语言的内在和外在进行整体描述，然而，目前以语料库为基础的外在描述还基本处于初始阶段。

在应用科研领域，当下主要的研究重心是翻译教育和训练。Bowker 的实验成果已经证实，使用语料库能够提升翻译质量，尤其在术语和专业知识的翻译上。

在理论研究、描述研究和实践研究这三个主要层次上，描述研究与理论研究之间的联系是相互的：描述是构建理论的根基，同时理论也指导描述；另外，描述研究与实践研究之间的联系也是互动的：描述指导实践，而实践也推动描述，然而，理论与应用之间的关系并不直接，需要通过描写的中介作用进行连接。

第五节　基于语料库的翻译研究

在翻译研究的应用领域，语料库主要发挥以下作用：首先，作为翻译教育的工具，包含了教学大纲编撰、教学过程及评价等流程；其次，作为翻译的辅助工具，如硬拷贝或在线参考书和词典、机器翻译系统、计算机辅助翻译以及译文记忆和术语库的建设；再次，在翻译评论中也有其存在，包括译文的评价和评论；最后，与其他领域的研究，如影视翻译、软件本地化、网页翻译以及全球广告策略等相关联。后续内容将根据 Holmes-Toury 的翻译框架，围绕应用性翻译研究、描述性翻译研究和理论性翻译研究几大方面，深入探讨语料库在翻译学研究中的作用。

一、应用翻译研究

在应用翻译研究领域，语料库的价值主要体现在以下三个方面：辅助翻译、辅助翻译教学与译者培训以及翻译工具的研究开发。这些贡献已经得到了大量研究的证实。例如，Bernar Gdini 认为，翻译教学借助大型语料库进行检索，能够使翻译专业的学生形成独特的翻译思维和技能，包括"有意注意""反思能力"以及"灵活应变能力"。这些能力使专业译者有别于业余译者。

Bowker 的实验揭示，借助译入语单语语料库，译者能在熟悉主题内容、选择专业术语和恰当使用习惯表达方面获得显著提升。Zanetin 补充道，语料库有助于译者增强在译入语中使用各种表达方式的能力，这有助于更深入理解源语文本并提升翻译技巧。Aston 也指出，使用语料库有助于译者获取类似母语使用者的语言理解和应用能力。Bowker 还提到，由平行语料库和对应语料库组成的翻译评价语料库能够协助教师对学生翻译作品进行更为公正的评价。BerGnardini、Hansen&Teich 和 Tagnin 等人的研究也证明，多语种检索和使用平行语料库可以帮助学生更深入地理解和翻译与作业相关的主题，并找到适合译入语的同等形式和搭配，规定翻译规则、文体偏好和篇章结构，进而把握关键概念信息。

根据 Bernardini 和 Zanetin 的观点，使用语料库可以为翻译文本和语言特征评价提供一个架构。2007 年，Vintar 研究了有关建立斯洛文尼亚语言库，以供翻译训练和实践使用的内容。值得注意的是，机器翻译系统的进步离不开语料库的支撑。从 20 世纪 90 年代开始，机器翻译系统从基于规则发展到基于算法，其可靠性得到了显著提高。

目前，市场上的主要机器翻译系统包括 Systran、Babel fish、World Lingo 以及 Google Translation 等。这些系统广泛应用于特定领域的翻译、在线内容的自动摘要、企业传媒翻译等场景，为用户提供了大量便利，然而，这些机器翻译系统并不是万能的，它们需要人工翻译的辅助和校对，以确保翻译的准确性和流畅性。

另外，机辅翻译工具作为人工翻译的重要助手，也在不断发展。目前，机辅翻译工具主要有三种类型：首先是翻译记忆和术语管理工具，其功能包括建立和管理翻译记忆库和术语库，并可以在翻译过程中智能地提供可用的译法；其次是软件本地化翻译工具，用于将程序代码（如菜单、按钮、错误信息等）转换为目标语言的对应文字；最后是视听翻译工具（如字幕和配音等），特别适用于影视作品的翻译。

然而，无论是哪种类型的机辅翻译工具，都需要借助语料库来实现其功能。这些工具也需要利用语料库来分析源语文本的语言特征和风格，以便更好地进行翻译。因此，可以说没有语料库的支持，机辅翻译工具的功能就无法充分发挥出来。

二、描写翻译研究

描写翻译研究的主题是研究译文，其任务是解答"译者为何以此方式翻译"，而非"如何进行翻译"。语料库语言学的文本导向实证方法论非常符合描述翻译研究的需求。1993 年，Baker 曾预言，大型源语及译语语料库的使用和语料库方法论的进步，将能使翻译研究者理解翻译作为一种交际工具的本质。

翻译研究，特别是基于语料库的几种主要研究，如翻译的产物、过程和功能，在过去二十年中显现出强大的活力。以下将对这三个方面的研究进行简要描述。

（一）以产品为导向的描写翻译研究

在当前的语料库 -driven 的翻译研究中，研究者主要关注的是翻译的产物，也就是译文。这一过程是通过对比目标语言中的译文语料库和相应的源语言语料库，以找寻支持或反驳所谓的翻译普遍性假设的证据。

目前，绝大多数以译本为基础的翻译研究都建立在由 Mona Baker 领导的团队所创建的"英语翻译语料库"上。该语料库主要包含英美翻译家把世界各地的语言原著译成英语的文本。原著语言种类繁多，包括但不限于德语、法语、西班牙语、意大利语、葡萄牙语、希伯来语、威尔士语、阿拉伯语、泰语和波兰语等。该库于 2001 年达到 2000 万词的容量，包含四个子库：小说、传记、报纸和杂志。除了一般单语语料库的附加信息，每个文本都带有原语言信息，如译者、翻译方法、翻译过程、源文本和发布时间等。对应于英语翻译语料库的英语母语语料库选自英国国家语料库（BNC），在语体种类和发布时间等方面与英语翻译语料库大体相符。TEC 是目前公认的唯一一个英语翻译语料库。现有的针对 TEC 的研究重点在于翻译英语的文本特点，比如词汇属性、句法属性等。这些研究成果为翻译通用理论的提出提供了基础，比如简化、清晰化、纯化、规则化等。

1998 年，Laviosa 通过比较翻译英语与英语母语的明显特性后，识别出翻译语言在词汇使用上的四个主要特点：一是实义词与功能词的比例较低；二是高频词相比低频词的出现频次更高；三是常用词的重复使用频率较高；四是常用词的变化不大。这些研究成果验证了翻译共性假设中的简单化原则。另外，Olohan 和 Baker 在比较 TEC 与 BNC 的检索结果时，发现在 TEC 中，转述性动词"say"和"tell"后面的 that 连接词使用频率较高，而在英语母语语料库中，大部分情况下并未使用 that 连接词。这一发现表明，翻译英语的句法结构更倾向于明确，这不仅是为了填补源语文本与译入语文本读者之间的知识差异，增加解释性信息，也反映了译者在翻译过程中潜意识的明晰化趋势。

Olohan 研究了翻译英语中的小说文本与英语母语创作的小说文本中的强化词"quite、rather、pretty、fairly"在文本中的搭配及其修饰语情况，发现在 TEC 小说语料库中，"pretty、rather"出现频率不高。考察"pretty、rather"的使用情况，发现其用法变化较多，且很少重复那些常用搭配。大量基于语料库的研究探讨了译文文本中的词汇特征。2006 年，Kanteretal 声称发现了新的翻译共性特征，即英语母语与英语译文在 Zipf 定律基础上存在重叠现象。Overas 分析了英语与挪威语小说中的搭配与明晰化现象，发现源语文本中搭配上的不和谐是如何通过一种约定俗成的方式翻译成译入语的。Kenny 在英—德平行语料库以及源语单语语料库基础上研究了搭配与净化的关系。Baroni 和 Bernardini 比较了由两个词组成的词簇在意大利母语与译文单语对应语料库中的使用情况，得出的结论是：

译文在语言重复性上可能超过原语，但它们重复的内容并不相同：译文的重复性主要体现为结构模式和话题相关的语句，而源语的重复性倾向于与话题无关的句子，也就是更常出现一般词语的组合。

这些观察到的语言特征对于翻译研究有着重要的影响。通过对比和分析不同语言之间的共性和差异，我们可以更好地理解翻译过程中语言信息的转换和调整方式。这也为我们审视翻译过程和评估译文质量提供了一种新的角度。

尽管这些基于语料库的研究为我们的理解提供了有价值的见解，但仍需注意其局限性。例如，基于语料库的研究只能提供有限时间范围内的观察结果，而语言的演变是动态的，可能随着时间的推移而发生变化。此外，语料库也并不能完全代表所有类型的文本和译者风格，因此不能将结论泛化到所有情况。

（二）以翻译过程为导向的描写翻译研究

以翻译过程为导向的描写翻译研究的目标在于揭示翻译过程中译者的思维过程。由于这个过程具有极大的复杂性，很难直接对其进行深入研究，因此研究者们转而寻求通过考察记录译者翻译思维过程的静态文本，即出声思维模式，来研究翻译过程。这些文本是译者在进行翻译工作时所留下的痕迹，它们为研究者提供了通往译者思维过程的桥梁。

翻译过程与翻译结果之间存在着密切的联系，这种联系使得我们可以通过对翻译结果的研究来推断翻译过程。正如 Stubbs 在把地质学和语料库语言学相比较时所言，地质学家对地质过程感兴趣，尽管这是无法直接观察的；但是，可以观察到由地质过程形成的岩石或由破坏与新生形成的地貌。因此，Stubbs 主张，总的来看，地质过程难以直接观察，必须通过结果推断。同样，译文可以提供翻译过程的间接证据。所以，以过程为导向的研究和以结果为导向的研究都可以基于语料库数据展开。

以过程为中心的研究方法主要采用平行语料库，它通过比较源语和目标语，揭示翻译过程中可能表现出的思维方式和策略。例如，Utka 在 2004 年使用英语和立陶宛语的阶段性翻译语料库进行了一项过程导向的研究。他通过定量和定性地比较一系列翻译草稿，成功否定了 Toury 的观点，即翻译过程不能通过语料库研究，并且强调，受源语言的影响，译文中呈现出术语的标准化和系统性替换。

从另一个角度看，成果为本的研究主要采用译入语的单语语料库，它通过比较译文和目的语的母语，揭示翻译结果中的特性和规则。例如，Chen 在 2006 年进行了一项基于科普读物语料库的连接词研究。他通过对比汉语译文和汉语母语文本，试图探究汉语译文中连接词在频率和种类比例上相对于汉语母语文本是否存在明显差异。他也检查了汉语译文中连词使用的句法特性是否与汉语母语有所不同。在研究翻译过程时，他比较了汉语译文和英语源文，对五个通过定量分析得出的"翻译特征连接词"进行了研究，试图确定这五个连接词在多大程度上是由英文原文迁移过来的，以及在多大程度上是由翻译过程中的明晰化引导的。他的研究表明，无论是英汉科普文本的翻译产品还是翻译过程中都存在明晰化的现象。

总的来说，以翻译过程为导向的描写翻译研究为我们理解翻译工作提供了一个独特的视角。尽管无法直接观察翻译过程，但是通过对其结果的研究和分析，我们可以推断出译者在翻译过程中可能采取的一些策略和思维方式。这种研究不仅丰富了我们对翻译工作的理解，也有助于我们提高翻译质量和效率。

（三）以功能为导向的描写翻译研究

以功能为导向的描写翻译研究主要聚焦于特定文本的译文在译入语社会文化语境中所产生的影响或功能。尽管目前以功能为导向的语料库研究尚处于研究的初级阶段，但这一领域已经取得了一定的研究成果。

其中，Laviosa 是该研究领域的代表人物之一。她在分析 TEC 语料库的过程中，重点研讨了 5 个语义上有联系的词汇，即 Europe、European、European Union、Union 以及 EU 的词汇语法特性。这些词在 TEC 语料库中的应用频率相当高，主要用于翻译英语新闻文章。从社会文化的视角，这些词汇可以被称作"文化的关键词"，因为它们不仅体现了社会价值观，也传递了文化。Laviosa 的研究主要关注这些关键词在 *The Guardian* 与 *The European* 两份报纸中的形象。

TEC 是一个持续增长的由多个源头翻译形成的英文语料库。Laviosa 主张，将 Europe 与其他文化词汇，如 Britain/British、France/French、Italy/Italian 等进行比较研究是施行得通的。这类比较研究可引导我们进行基于语料库的翻译影响意识形态的研究。

在 2000 年，Baker 通过 TEC 语料库开展了一项相关研究。她主要研究了小说子语料库中两位英国翻译作家的作品，特别是其平均句子长度、类型频率和间接引用三种语言特性。此外，她还进行了对"say"等叙述动词用法的深入研究。她的研究结果显示，两位翻译者在翻译过程中对源语和目标语读者群的选择有所不同。一位翻译者更偏向于选择受过教育的人作为目标语读者群，因此，他在翻译过程中使用的叙述技巧旨在塑造一个复杂的知识分子形象。而另一位翻译者更倾向于选择普通大众作为译文的目标语读者群，因此在叙述和情感方面没有过多阐述。基于这些发现，Baker 得出的结论是，"应该允许翻译者选择他们自己的风格，在目标语中进行重塑"。

Kruger 进行了一项关联研究，探索了莎士比亚的《威尼斯商人》在南非语的"剧场版翻译"是否比"书面版翻译"要更接近口语。在对四个文本（原始文本和三个翻译版本）的语言特性进行定量分析的基础上，她进一步利用英语口语规范验证了研究结果。最后，研究证明了她的理论：戏剧翻译在不同语言领域有着不同的作用，因此信息的呈现方式也会有所不同。

Masubelele 也对翻译在祖鲁语各方面所产生的影响进行了考察。她通过对比《圣经·马太福音》1959 年和 1986 年的两个祖鲁语版并研究其在南非祖鲁语文字化进程中的重要影响，发现翻译者在传达源语信息时受到 Toury 在 1980 年提出的指导准则的影响，做出了不同的决策。这项研究揭示了一种新的趋势，即译文更倾向于遵循接收语的规范与文化：1959 年的版本忠实于源语的规范和文化，1986 年的版本则更强调适应接受语的文化规范。这表明随着时代的变迁和译入语文化的不断发展，翻译策略也在不断演变和更新。

综上所述，以功能为导向的描写翻译研究强调在特定的社会文化语境中考察翻译的功能和影响。通过利用语料库进行对比分析，我们可以深入了解不同译本的差异及其背后的原因，从而为翻译实践提供有益的启示和指导。

三、理论翻译研究

理论翻译研究的目标是"建立总体的翻译原则，这有助于理解和预测翻译过程中的现象"。这些原则、理论和模型提供了翻译过程的具体指导，同时可确立特定的翻译条件，例如特定语言或文本类型。理论翻译研究与实际的描绘翻译研究密切相关，经常是基于描绘翻译的实证研究结果。

在理论翻译研究中，一个主要的研究领域是所谓的翻译共性假设以及相关的子假设。这些假设探讨了翻译语言作为一种客观存在的语言变体本身所具有的特征。

在过去的数十年间，翻译共性已经发展成为翻译学领域的核心议题，同样是翻译学辩论的重心。Tyrnoczko 曾经提出，不应接受翻译中的普遍性；然而，Toury 在 2004 年坚称，翻译共性理论的主要价值在于其强有力的阐释能力；还有很多研究者，如

Chesterman，在 2004 年表明，翻译共性是一个可接受的理论。Chesterman 进一步划分了两种类型的共性：源语言共性和目标语言共性。前者侧重于原文和译文之间的联系，重视的是译者怎样处理源语言文本；后者专注于译文和目标语言原创文本之间的关系，研究的是译者如何处理目标语言。2007 年，Mau Granen 在她对于翻译共性的全面评述中提出，对翻译共性的探讨应该遵循讨论语言类型的共性原则。

现在，语料库技术和语料库语言学的快速进步使基于语料库的语言比较和翻译研究成为主流方法。由于其固有的优点，基于语料库的研究方式已经改变了翻译研究的模式。作为翻译研究的新领域，语料库翻译学对该学科的发展起着关键作用。

第六节　语料库的建立与使用

一、平行语料库的建立

基本的语料库创建步骤包括论证构建→确定采样规则→收集文本（转录、下载或软件识别）→清理文本→词分割→选择标注集→打标签→对齐（对于双语语料库）→储存到库→完成语料库。这些步骤可以根据实际需要进行必要的添加或删除。

基本的语料库应用流程为建立库存证据→设计应用软件→开发相应软件→分析检索→实际用途（如翻译、教育、研究等）。计算机辅助翻译技术的基石是平行语料库，它为机器翻译软件提供必要的资源，是主要的翻译记忆库和术语库形式与平台。接下来将会描述平行语料库的创建步骤如下。

（一）语料采集

语料采集主要有三种方式：人工输入、扫描输入、利用现有电子文本（TXT，PDF，DOC）或从网上下载的文本。

常见的文本格式问题有：

文字符号类：如全角的英文字母和数字；空格段落类：行首 / 尾、段首 / 尾、文中多余的半 / 全角空格、跳格、软回车、硬回车;（英文中的）全角标点符号；错别字,乱码、杂质等。

文本清洁和校对这一环节至关重要，需要逐行逐字检查，以保证语料库材料的准确性。例如,将一本纸质书扫描、识别,再转化成 Word 文件后,需要删除冗余信息（前言、后记、注释、版权页等）。下面介绍如何用 Para Conc 制作平行语料库，语料的预处理使用 Word2020、Em Editor 等软件。在 Word 下可以删除空格、乱码和多余空行。为了让 Para Conc 更好地识别，其他的文本清洁操作需要在 Em Editor 中操作。

Word 中预处理清洁文本主要用替换的方法，功能键是"Ctrl + H"。

（1）移除空白字符。首先将文本复制到某个文本编辑器（如 Windows 的 Notepad 应用程序），然后再复制到 Word 中，这样可以去掉一些格式化标识符。剩余的空白字符可以使用替换功能，输入一个或两个空格键至"查找内容"栏（英文文本需要输入两个空格，以免将单词间的空格也被替换掉，中文文本输入一个空格键）。在"替换为"栏留空。为保证操作的准确性,可先点击"查找",核对找到的内容无误后再点击"替换"。确认全部正确后，再点击"全部替换"。

（2）删除多余空行。在 Word 文档中，空行是按 Enter 键形成的。

在中文中，回车分为两种类型：硬回车和软回车。硬回车通过单独按 Enter 键产生，并且可以创建一个新的段落；而软回车则通过按 Shift + Enter 键产生，只在进行分行操作时使用，并不能创建新的段落。两者在作为段落标记时会有所区别。在 Word 屏幕上，软回车符显示为向下的箭头，硬回车符则显示为向左的箭头。如果你想删除不必要的空行，只需删除相应的回车符即可。

（3）去除乱码。乱码虽然千奇百怪，但是组成乱码的字母大致相同。先查找这些字母，找到乱码位置，再手动删除。

注意：文档应以 ASNI 纯文本文件的方式以 GB 编码进行保存。Em Editor 是个专业的纯文本处理程序，它拥有处理多文档功能和强大的文本编辑功能。你可以利用 Em Editor 打开并完成需要处理的文件，包括添加标记以及全半角之间的转换。Em Editor 相比 Windows 系统中自带的"记事本"具有更强大且详尽的查找替换功能，能够弥补记事本的缺陷，它还能将查找的结果进行突出显示。Em Editor 还能快速处理大量文本数据，并检查其中是否存在其他杂质元素，如果有的话，可以在 Em Editor 中进行适当的调整，确保语料格式完全满足 Para Conc 的需求。

将中文语料的全角标点符号转换为半角。为了防止中文语料在 Para Conc 软件中产生乱码，我们使用替换指令进行此操作。依次点击 Search 和 Replace，会弹出替换窗口。点击 Use Regular Expresions 左侧的框，表示利用正则表达式进行搜索。在 Find 框中输入"\."，在 Replace with 框中输入一个半角句点。点击 Replace All 按钮，所有的全角句号将被替换为半角。同样，其他的全角标点符号也应该按此方法转换为半角。

（5）插入段落符号。在"查找"框里输入 \r\n，\r\n 表示回车换行。在"替换为"框中输入< /p > \n < p >，该符号为换段符。最后，根据研究需求，手动检查并在文本的开始和结束部分添加段落标记，以决定是否需要添加段落标识。

（6）添加对齐定义标识。对齐定义标识是 Para Conc 在进行双语句子自动对齐时能够识别的符号，以< /seg >作为句末标识，以< seg >作为句首标识。这一步非常关键，如果添加得当，Para Conc 会自动利用这些标识进行双语对齐，从而减少人工调整的需要。通常的句子结束标识包括句号、逗号、感叹号、冒号、问号和分号。

在 Find 栏中键入"\.", 在 Replace with 栏中填写."< /seg > \n < seg >"。点击"ReplaceAl"按钮，然后对其他代表结束句子的标点符号也进行同样的处理。

注意：全文起始处的标志< seg >需手动添加，全文结尾处的标志< seg >要删除。

在句子和段落的结尾处，我们会看到< seg >< /p >的组合，其中< /p >表示段落的终止，而< seg >则是标志着下一段的开始。为了正确排列，我们需要将< seg >和< /p >的位置交换。具体来说，使用替换工具，在"查找内容"中输入< seg >< /p >，在"替换为"中输入< /p >< seg >。这样处理之后的样式将如下：

< seg >的句子< /seg >，或者是< seg >的句子< /seg >格式。< seg >和< /seg >之间的句子可以不用在同一行。如果格式不对，需要手动调正。< seg >和< /seg >是 Para Conc 自动对齐工具的识别标志，一旦精确设置，将极大地提高对齐的精度。

（7）储存为文本文件。将文本储存为 ASNI 纯文本文件，在 Em Editor 软件中保存时，Encoding 的初始格式设为 System Default。

（二）对中文语料进行分词

单词间的空格在英语中是常见的，但在汉语中并非如此。对于 Para Conc，如果汉语未进行分词，其识别效果将不佳。因此，我们需要进行分词操作，也就是在中文的字符和词语之间插入空格。这需要利用中国科学院计算科技研究所开发的汉语词法分析系统 ICTCLAS 系统来实现。中文词法分析是中文信息处理的基础和核心。ICTCLAS 具备以下功能：中文分词、词性标注、未登录词识别。其分词准确率可以达到97.58%，基于角色标本的未登录词识别的召回率超过90%，其中对中国人名的识别召回率近98%。在使用 ICTCLAS 系统时，首先点击"词语切分"选项，然后点击"处理文件"，选择"文件名称导入"，点击"运行"即可。这种分词的基础是存在一个中文词库，然后将文件和词库匹配，最后根据词库进行分词。处理后的文件中，字词之间加了空格。

这个软件也能对中文进行词性标记，包括一级和二级标记选项，用于对词进行词性标记，然而，在翻译过程中，一般不需要进行词性标记，除非是用于特定的翻译研究，译者通常只需使用其词语分割功能即可。

在分词后的内容中，每个字和词之间增加了空格。Para Conc 软件会通过这些空格来统计中文语料的字词数量。值得一提的是，如果进行了分词，未来在进行检索时，必须在适当的位置加入空格，否则有可能无法检索到相关内容。

（三）句级平行对齐

Para Conc 是新西兰奥克兰大学应用语言学系的教授 Michael Barlow 开发的工具。通过 Para Conc 人们可以更容易地找出翻译文本中隐藏的具有一定规则的特性、用途和构造。Para Conc 不仅可以用于双语平行文本，还可以查询最多四种不同语言的平行文本库。这个特点适用于对源文和多个译本进行比较研究。Para Conc 可以实现双语或多语查询，主要用于对比分析、语言学习和翻译研究。它具有以下主要功能：

（1）对齐：对于具有翻译对应关系的文章可以实现半自动化的对齐。

（2）检索：进行简单的文本检索、正则表达式检索、标注检索、平行检索。

（3）助译：检索潜在的翻译对应词，为关键词提供可能的译文对应语和搭配。

下面来简单介绍 Para Conc 的使用方法。

1.加载语料

点击 File 下拉菜单，选择 "load Corpus File"（加载语料文件）。

第一行：Paralel text（平行语料文本），选择打开文本的数量，选择从 2 到 4。

行二行：选择阅读文本的语言，汉语有四种选择：简体中文、华语（中国台湾）、繁体中文（中国香港）及新加坡华文。

第三行：Font（字体）选项，对于汉语语料，一般选宋体，字符集（R）项的框中选 CHINESE—GB2312，即中文简体。

第四项：格式选项。此选项中的一个功能是可以设定句子的分界符。只需要依次点击"格式—选项"，就会弹出一个句子选项界面，其默认的句子分界符是英文的 ".！？" 符号。对于中文素材，我们可以把它转换为全角符号。建议预先将中文素材的全角符号改为半角符号，以免识别软件 Para Conc 因此出错。这个步骤在处理一些还未进行"对齐"操作的中文文件时尤其有用。

第五行：Add（添加）项，在上面的参数设置完成后，单击 "Add"，选择加载语料文件。（注意：语料库文件可以同时多添加几个。）

第六行：Show fulpath names，是否显示语料文件所在路径名称。

第七行：Align Format（对齐格式）提供了四种对齐选项，包括 Nota Gligned（未对齐），

New line delimiter（新行或段落分隔符）、Delimiter（其他分隔符）和 Start/stop tags（起止标记）。默认设置为 New line delimiter，但为了提升对齐的精确度，建议在预处理阶段加入＜ seg ＞和＜ /seg ＞作为分隔符。选择 Start/stop tags 后，软件预设的分隔符会是＜ seg ＞和＜ /seg ＞。

2. 对齐

在顶级菜单栏中，点击 File—View Corpus Alignment（查看语料对齐），选择两个文件 Alignment。Para Conc 软件将根据预先设置的 <seg> 和 </seg> 标记进行语料对齐。有时，语料对齐可能不准确，需要进行手动调整。

右键点击语句行，会弹出以下可选项：Split Sentence（切分句子），Merge with Next Sentence（与下一句合并），Merge with Previous Sentence（与上一句合并），Split Segment（切分语料块），Merge with Next Segment（与下一块合并），Merge with Previous Segment（与上一块合并）。我们可以灵活利用这些功能，以实现对原文和译文对应行内容的最佳调整。

3. 保存

对齐调整好后，可以保存文件。它有两种方式：一是单击 File-Save Work space As-输入文件名。

注意：这个方法在保存文件的同时，也会储存文件路径，作为语料库的一部分信息。这意味着一旦保存后的文件被复制到其他地方，Para Conc 将无法识别并找不到这个文件。

二是点击 File 和 Export Corpus Files。使用这个命令保存后，可以更改已保存文件的路径。

4. 检索

（1）简单检索。在顶部菜单栏上单击 Search 后，再选择下拉菜单上的 Search，即会出现检索框。在 Language 选项框中选择相应的语言，然后在 Enter pater ntosearch for 框中输入检索项。输入多个汉字时，要注意汉语语料在分词后字词之间存在的空格，即有时也需要在检索项中输入相应的空格。

（2）进行平行查询。点击 Search 选项，挑选 Paralel Search，会出现"查询设置"框。挑选您的语言，点击 Patern，然后在 Enter patern to search for 的框中设定搜寻的中文内容。对英语的查询项目也进行相同的步骤，点击英语的 Patern，然后在 Enter patern to search for 的框中输入要查询的英文内容，然后点击 OK 按钮，就会显示检索结果，在显示窗内，被检索的中英文内容都高亮显示。

Para Conc 具有检索、分类、词频表、分布等多种功能。对于翻译来讲，Para Conc 最重要的是自动对齐功能，虽然准确率还有待提高，但已经大大减少了人工劳动。

二、双语语料库的建立

（一）明确建库目的

Sinclair 曾经指出："所有语料研究都必须以建立相应的语料库为前提。决定来源和收集语料的过程为所有后续研究设定了基础。"翻译也不例外，构建双语语料库在翻译的每一个方面都具有重要的意义和实用性。语料库的构建通常涉及两个问题：代表性的问题和文本抽样策略（包括随机和分层抽样，采用内部或外部标准，以及选择完整或部分文本收集）。对于 CAT（计算机辅助翻译）软件，建立双语平行语料库是进行或未来翻译任务的准备步骤。因此，双语语料库的收集通常分为两部分：构建术语库和建立翻译记忆。简单地说，前者关注词汇，后者关注句子模式。术语库的构建通常不涉及对齐或注释问题，可以直接从相关领域提取专有术语或固定表达或在翻译过程中定义术语，并将其添加到已建立的术语库中。在建立翻译记忆库时，对其重要性的理解主要体现在对齐以及双语搜索上。前者与翻译记忆紧密相关，而后者对译文的选择也尤为关键，这两个方面都会对翻译工作产生重大影响。

通常，建立双语语料库需要首先明确库的目标，接着收集双语素材，对其进行更深层次的处理，然后将语料对齐后存入库中。为了最大化利用语料库，必须开发专用的搜索软件，并进行必要的后续维护。

建立双语语料库的过程是由其目的决定的，因此明确目的对于后续工作影响重大。Stig Johansson 曾表示，尽管大型语料库有其独特优势，但是构建可从多个角度深入分析的小型语料库也是有价值的。国家级双语语料库通常追求全面性，力图收集各个领域的可靠译文，同时会根据研究或应用的目标来界定语料的时间、语域和特定的文本类型范围。翻译公司的业务可能主要集中于特定领域，如法律、经济贸易、机械电子、医学等，所需要的双语库类型也主要集中在特定领域。孤立的专业译员可能只会对自己擅长的一个翻译领域有兴趣，而不太可能掌握所有领域的知识。对于译员来说，不必单纯追求语料范围和大小，可根据自己的实际需要，尽量搜集某领域的可靠译文。

（二）搜集双语材料

在收集语料的过程中，需要考虑语料的代表性问题，也就是所收集的语料在设定的研究范围内是否具有有效的代表性。设计语料库和选择单独的文本都取决于创建语料库的目标。对于专注于翻译研究的情况，构建双语语料库可能需要考虑某种特定的句型，比如被动句的翻译。因此，在收集语料的过程中，需要大量收集相关材料，并注意对某种文体或句型的整理。

在开始新的翻译项目之前，有必要使用相关领域的双语文本进行译员训练，以帮助他们掌握特定的术语和翻译方式。具有固定句型的文本最适合作为翻译记忆工具。因为当新的翻译任务出现时，译员可以利用翻译记忆生成译文。在实际翻译过程中，译员常常会遇到一些专业术语，这些术语在某一特定领域有特别的含义，并且形式固定。通过训练翻译软件识别这些固定的术语、表达方式和句子结构，也就是建立双语语料库，译员不需要花费大量时间去记忆相关专业术语，反而可以把更多的精力投入到提高译文质量的工作中，从而大大提高翻译工作的效率。

针对不同行业，双语材料的收集方法可能会有所不同。举例来说，整理学术论文摘要翻译可能需要从中英文论文的相应摘要中收集信息，但这可能无法达到高品质翻译的要求。若要涉足某一科学领域的论文翻译，必须对这个领域有所了解，并在与相关专家讨论后提供可靠的翻译，然后进行对齐。只有这样，整理出的双语语料库才可能真正应用于实际的翻译工作。

（三）进行语料处理

一般来说，对齐的双语库能够直接提供计算机辅助翻译服务。尽管语料处理与翻译实践的联系不强，但如果使用双语语料库进行译员的培训，那么对语料进行预处理就是初期建立工作的必要步骤。根据语料库应用的目的，处理语料的方法有很多，与实践最紧密的是对中文的切分。根据汉英双语语料库的建立和研究目的，也可能涉及对词性、句子结构、文本结构和文本来源等各方面的标注。以下只对与译员检索有着密切联系的中文切分处理进行介绍。

汉语是一种不具有单词形态变化的语言，不像印欧语言那样可以通过词形来区分词类。因此，不能像印欧语系中的英语等直接通过单词间的空格来辨别。建立语料库离不开对汉语的理解，而理解汉语也必须对输入的文本进行句法分析。在计算机辅助的翻译训练中，需要用到双语语料库进行双语查询，这需要先进行分词才能实现。通常而言，计算机进行句法分析必须依赖语法规则库，而这些规则通常都建立在词法和语义知识的基础上。所以，在进行汉语句子的句法分析之前，必须先进行词的切分。汉语中的"词"是一个模糊的概念，随着对大规模高级汉语语料库需求的增加，汉语书面语的分词技术已经逐渐发展成为一门具有挑战性的新学科。

为了应对信息处理的需求，我国已经发布了"现代汉语信息处理分词规范"，该规范对现代汉语的分词方法做了详尽的规定。这对于汉语信息处理的标准化，以及不同的汉语信息处理系统间的兼容性，起到了至关重要的作用。

（四）双语语料库对齐

在构建双语语料库时，我们需要研究相关原文在特定语境中的翻译，而对双语文本进行对齐则是最关键的步骤。这主要涉及对双语材料进行句子级别的对齐。为了使记忆库在计算机辅助翻译中发挥更大的效益，通常都会将其分割为比句子更小的单位。此外，专有的双语对齐术语库也从另一侧面突显出双语语料库在翻译实践中的重大价值。尽管人工对齐能达到高精度，但是效率低，难以实现大规模语料库的构建。因此，通常我们会使用软件自动对齐部分对译单位，然后人工调整，以检查对齐情况。

在过去数十年中，许多研究人员对双语语料库对齐进行了深入研究。当前，主要的方法可以归为基于句子长度、基于词典对照和混合法三种。基于句子长度的对齐方法是通过利用源句和翻译句在长度上的关联来实施的。在操作过程中，通常首先人工创建一个双语语料库作为参考，然后计算源句和翻译句的长度比例，进而根据已建库中的匹配概率选取相应的对应类型（如 1 : 1 或 1 : 1.5）。另外，Kay 等研究者也提出了一个基于词汇信的模型，该模型在两个对应的文本中寻找互译单词，如果一组句子有足够多的互译词对，那么就认为整个句子是对译句子，可以进行对齐。简言之，最佳的句子对就是那些能最大化系统词对的句子。通过匹配类型的词语，如代词、数词和专有名词等，在两个文本中，我们能够确定相对稳定的译文匹配。在国内，双语对齐的研究已经提出了基于词汇间关联性的多轮组合识别方法，同时运用预设后验证的策略在双语语料库中抽取翻译等值单位。

在 2005 年，Chuang 等人提出了针对标点符号进行对齐的方法，并将其应用到"Sonorama 杂志英汉平行语料库"上。经过测试，他们发现这种基于标点的对齐方法在准确性和有效性上均优于依赖句子长度的对齐方法，其准确率甚至高达 93%。这个结果在实践中获得了广泛的应用。现在，主流的计算机辅助翻译软件所提供的对齐工具，都是通过标点符号将文本划分成许多对应的翻译单元，并允许译员把两个待翻译的文本导入对齐，修正后才导入翻译器，然而，由于汉英两种语言之间的差异，只有在政治、科技、法律和商业等特定领域的文本才容易对齐，大部分文本在软件帮助对齐后，仍需进行人工校正。

请记住，由于这两个文本已经被适当地分行处理，因此无须手动调整对齐结果，然而，在实际应用中，自动对齐并不能达到精确的匹配，仍然需要通过如"合并到下一句""插入空行"等选项进行修改。事实上，双语文本的对齐工作更为复杂。语言翻译是一个相当复杂的过程，任何单一的概率统计方法都无法完全解决各类复杂问题，因此迄今为止，仅靠软件进行的双语对齐还无法得到极其满意的结果。

（五）软件开发与维护

实际上，库维护的理念在构建语料库的全程中都是存在的。在初步自动对齐双语语料后，必须人工检查和确认已完成的任务。同时，必须开发相应的搜索软件，以便做研究。小型语料库可以使用现有的语料库搜索软件，如 Para Conc 和 Wordsmith Tools 等，然而，大型语料库需要满足多方面的研究需求，因此这些软件往往不能满足需求。因此，大型双语语料库通常会开发一种符合其库构建目标的语料库搜索软件。例如，三一学院的 Satumino Luz 博士专门为 TECl 设计了一套客户端搜索 Java 软件。

技术维护和后期库维护是相互依存的。对研究人员来说，必须尽力完善特定研究领域的语料收集。因此，建立双语语料库并非一蹴而就，而是需要不断增加语料和进行多维度的标注。同时，要保持语料库的高使用价值，重视后期维护尤为重要。

第九章　多模态语料库视角下
口译技能维度互动机制

第一节　多模态语料库口译研究的现状

随着全球化的加速和跨文化交流的增多，口译作为一种重要的跨语言沟通手段，在社会、政治、经济等领域中发挥着越来越重要的作用，然而，传统的口译研究主要依赖于内省和案例分析，难以进行大规模的数据分析和实证研究，因此限制了口译研究的深度和广度。近年来，多模态语料库的研究方法开始被引入口译研究，为口译研究提供了新的研究途径和视角。

多模态语料库是指收集并存储多种形态的数据资源，包括文字、图像、音频、视频等，以便进行多层次、多角度的分析和研究。在口译研究中，多模态语料库的构建可以提供大量真实、客观的口译数据，便于研究者从多个维度对口译过程进行深入的研究。此外，多模态语料库还可以用于训练和评估机器翻译与口译辅助技术，提高翻译和口译的质量与效率。

目前，多模态语料库口译研究正处于蓬勃发展的阶段，研究者们正在不断探索和挖掘多模态数据的潜力，以揭示口译过程的本质和规律，然而，现有的研究主要集中在构建多模态语料库、描述口译过程的特点和翻译质量评估等方面，而对口译技能维度互动机制的研究尚不多见。因此，本研究将重点关注多模态语料库视角下的口译技能维度互动机制，以期为口译实践和理论研究提供新的思路与方法。

在研究方法上，本研究将采用定性和定量的研究方法，通过构建多模态语料库，对口译过程中的技能维度互动机制进行深入的分析和研究。此外，本研究还将综合运用认知神经科学、语言学、计算机科学等相关领域的知识和方法，对口译过程中的技能维度互动机制进行全面的探讨和研究。

在研究范围上，本研究将主要关注以下几个方面。

1. 多模态语料库的构建

多模态语料库的构建是进行多模态语料库口译研究的基础。由于口译过程涉及多种形态的信息，如语言、副语言、姿态、表情等，因此需要从多个渠道和平台上搜集和整理这些信息，并利用计算机技术和工具对其进行标注和处理。我们在构建多模态语料库时，需要注意确保数据的真实性和可靠性，同时要遵守相关的伦理规范和法律法规；此外，还需要根据研究需求和研究目的，合理地选择和配置多种形态的数据资源，以支持多层次、多角度的分析和研究。

2. 口译过程的认知神经科学

口译过程的认知神经科学是研究口译过程中的大脑活动和认知过程的学科。借助认知神经科学的手段和工具，例如事件相关电位（ERP）和功能性磁共振成像（fMRI）等，可以深入研究和分析口译过程中大脑的活动和认知过程。这些技术可以揭示口译过程中不同技能维度之间的相互作用和相互影响，以及大脑在不同阶段对信息的处理方式。这些研究成果将有助于我们更好地理解口译过程的本质和规律，同时可以为口译技能维度互动机制的研究提供重要的参考和借鉴。

3. 技能维度互动机制的研究

技能维度互动机制的研究是多模态语料库口译研究的核心内容之一。通过对多模态语料库中的数据进行分析和研究，我们将重点关注口译过程中的技能维度互动机制，包括语言转换、记忆、注意、认知控制等方面的技能维度互动。这些技能维度之间的相互作用和相互影响，会对口译过程产生重要的影响。例如，语言转换和记忆技能之间的相互作用可以帮助译员在短时间内快速准确地翻译出源语言信息。因此，对技能维度互动机制的研究将有助于我们更好地了解口译过程的本质和规律，同时可以为口译教学、实践和评估提供重要的指导和借鉴。

4. 翻译质量和评估

翻译质量和评估是多模态语料库口译研究的重要应用之一。在技能维度互动机制的研究基础上，我们将进一步探讨如何利用多模态语料库对翻译质量进行评估和提高。在评估过程中，我们可以利用多模态语料库中的数据对译员的翻译质量进行定量和定性的评估，包括翻译的准确性、流畅性、连贯性等方面。此外，还可以利用多模态语料库对翻译教学中的教学质量进行评估，帮助教师更好地了解学生的学习情况和需求，以提高教学质量和效果。这些研究成果将为口译实践和教学提供重要的指导和借鉴，帮助人们更好地了解口译过程和提高翻译质量。

总之,多模态语料库的研究为口译研究提供了新的视角和方法,有助于研究者从多个层面和角度揭示口译过程的本质与规律,然而,目前多模态语料库口译研究还存在一些问题和不足之处,如数据标注的质量和规范性、技术工具的可靠性和效率等方面仍需进一步探讨和研究。因此,我们将继续关注该领域的发展动态,不断拓展和深化多模态语料库口译研究的范围和内容,为口译实践和理论研究做出更多的贡献。

第二节 多模态语料库口译研究的复合设计

一、口译技能维度的复合性设计

(一)口译技能维度复合性设计的研究背景与意义

作为口译的核心,口译技能一直以来都是口译研究的重要对象,然而,传统的口译研究主要关注口译员的双语能力、专业知识等单一维度,无法全面揭示口译过程的复杂性。口译过程的复杂性主要表现在以下方面。一是多维复杂性:口译是一项多维复杂的任务,涉及语言、文化、认知、技术和社交因素的综合影响。传统上,研究口译技能主要集中在语言和文化方面,但忽略了其他因素的重要性。二是口译实践多样性:口译实践包括同声传译、交替传译、会议口译、法庭口译等多种形式,每种形式都要求口译员具备不同的技能和应对策略。这使得口译的复合性变得更加明显。三是技术革新:随着技术的进步,CAT 工具、类人工智能(Artificial Narrow Intelligence,ANI)语音识别、机器翻译等技术已经改变了口译的实践方式。这为口译技能的复合性设计提供了机会,也对其提出了新的挑战和机会。因此,笔者提出口译技能维度的复合性设计这一主题,旨在从多维度视角出发,探索口译技能的内在机制,为口译实践和教学提供理论支持。

口译技能维度的复合性设计具有较为现实的研究意义,包括提高口译质量;教育和培训改进,如帮助教育机构和培训机构更好地设计课程和培训计划,以确保学生和培训生能够获得多维复合性的技能。

在全球化的今天,口译员的角色更为突出和重要。口译过程并非简单的语言转换,而是涉及语言知识、认知负荷、心理压力等多种维度的复合过程。传统的研究方法无法深入探讨这一复杂过程,因此笔者将从新的视角出发,将口译技能划分为多个维度,并对其进行深入研究和探讨。

适应新技术：口译领域正在逐渐与新技术融合，研究可以帮助口译员适应这些技术的发展，如 CAT 工具和语音识别系统。复合性设计可以考虑如何将这些技术融入口译实践。

深化口译研究：口译研究领域可以通过关注复合性设计来更深入地理解口译过程和口译员的工作。这将有助于推动口译研究的发展，并提高口译理论的准确性和实用性。

跨领域合作：复合性设计研究涉及多个领域，如语言学、认知心理学、教育学、技术和社会科学。这将促进跨领域合作，产生更全面的研究成果，有助于解决复杂的口译问题。

（二）口译技能维度复合性设计的理论与实践

口译技能维度复合性设计是一个理论框架，它包括语言转换、认知负荷、心理压力等多个维度。这些维度在口译过程中互相作用、相互影响。因此，我们需要对每个维度进行深入理解和分析。

首先，语言转换是口译技能的基础。它不仅包括对语言的熟练掌握，也包括对语言背后的文化、背景等深层含义的理解和表达。因此，语言转换能力是口译员的核心能力之一。

其次，认知负荷是口译过程中的另一个重要维度。它是指译员在口译过程中需要处理的认知资源。口译过程往往涉及大量的信息输入和复杂的认知操作，因此认知负荷的管理和分配对译员来说至关重要。

最后，心理压力是口译过程中的另一个关键维度。由于口译员需要在压力下进行高强度的语言转换和认知操作，因此心理压力管理对译员来说至关重要。

这些技能维度在口译实践中具有重要的应用价值。首先，它们可以帮助译员更好地理解口译过程，从而更好地进行自我评估和改进。其次，它们可以为口译训练提供理论指导，帮助培训师更有针对性地进行训练。最后，它们可以为口译行业的发展提供新的思路和方法，推动口译技能的不断进步和发展。

通过本章节的论述，我们可以看到口译技能维度复合性设计的重要性和价值。因此，我们需要进一步深入探讨这些技能维度的内在机制和影响因素，以便更好地为口译实践和教学提供理论支持和实践指导。

（三）口译技能维度复合性设计对翻译能力的影响

口译技能维度复合性设计对翻译能力有着重要影响。具体来说，这种设计通过以下方式影响翻译能力：

首先，语言转换能力是翻译能力的基础。语言转换能力的提升将有助于提高翻译的准确性和流畅性。在口译过程中，译员需要快速准确地理解源语言信息，并将其转换为目标语言。

其次，认知负荷能力对翻译能力也有重要影响。口译过程中需要处理大量的信息，认知负荷能力的高低将直接影响译员处理信息的能力和翻译质量。优化认知负荷的分配和管理可以提高译员的翻译效率和准确性。

最后，心理压力应对能力对翻译能力的影响也不容忽视。在紧张的口译场景中，心理压力的调节和管理能力是译员保持稳定和高效翻译的关键因素。良好的心理压力应对能力可以帮助译员克服紧张情绪，提高翻译的稳定性和可靠性。

综上所述，口译技能维度复合性设计对翻译能力有着重要影响。通过提升这些技能维度，可以提高译员的翻译效率、准确性和流畅性，从而更好地满足客户需求。

（四）口译技能与双语转换能力的关系

双语转换能力是口译技能的重要组成部分。在口译过程中，译员需要准确理解和表达源语言信息，并将其转换为目标语言。这种转换过程需要良好的双语知识和语言对比能力。具体来说，双语转换能力包括以下几个方面：

首先，对比分析能力是双语转换能力的基础。在口译过程中，译员需要快速准确地对比分析源语言和目标语言的语法、词汇和语篇特点，从而找到正确的翻译策略和表达方式。这种对比分析能力的提升需要加强对两种语言的掌握和理解。

其次，翻译策略和技巧是双语转换能力的核心。在对比分析的基础上，译员需要采用适当的翻译策略和技巧将源语言信息转换为目标语言。这种翻译策略和技巧的提升需要加强对翻译理论和实践的学习与掌握。

最后，语言表达能力和文化背景知识也是双语转换能力的重要因素。语言表达能力的提升需要加强对目标语言的学习和练习，而文化背景知识的提升则需要加强对目标语言的文化习俗、社会背景等方面的了解和学习。

综上所述，双语转换能力是口译技能的重要组成部分。提升双语转换能力，可以提高译员的翻译效率和质量从而更好地满足客户需求。

（五）口译技能与心理生理特性的互动

口译技能与心理生理特性之间存在密切的互动关系。这种互动关系可以从以下几个方面进行探讨：

首先，心理生理特性对口译技能的表现具有一定的影响。译员的心理状态和生理素质会对其语言转换和认知负荷能力产生影响。例如，过度紧张和焦虑可能会导致译员在口译过程中出现语言障碍或认知负荷过载，从而影响其翻译表现。

其次，口译技能对心理生理特性具有一定的调节作用。译员在口译过程中需要具备一定的心理调节能力，以应对不同的压力和挑战。例如，在面对紧张的口译场景时，译员需要通过有效的心理调节来保持稳定的情绪状态，从而保证其翻译表现。

最后，口译技能与心理生理特性的互动关系还表现为二者之间的相互作用和影响。例如，译员的认知负荷能力会受到其身体状态的影响。当译员的身体状态良好时，其认知负荷能力可能会得到提升，从而使其在口译过程中更加游刃有余。

综上所述，口译技能与心理生理特性之间存在密切的互动关系。译员需要具备良好的心理调节能力和生理素质，以便更好地应对不同的口译场景和压力。同时，口译训练也应当注重培养译员的心理生理素质，以提高其口译技能的表现水平。

（六）口译技能维度复合性设计的未来展望

尽管口译技能维度复合性设计已经取得了一定的研究成果，但仍有许多问题需要进一步探讨和研究。例如，如何更全面地定义和衡量口译技能维度，如何通过实验和研究深入揭示口译技能维度之间的相互作用关系，如何结合现代科技手段为口译技能维度复合性设计提供新的方法和思路，等等。以下是未来研究的一些展望：

首先，未来研究可以进一步深入探讨口译技能维度的定义和衡量方法。虽然已经有一些学者提出了相关的理论框架和研究方法，但仍需要更多的实证研究来验证和完善这些框架与方法。

其次，口译技能维度之间的相互作用关系是未来研究的重要方向之一。目前，大多数研究主要关注口译技能维度的单独影响，而对这些维度之间的相互作用关系的关注不够，未来可以通过实验和实证研究来深入探讨这些问题。

最后，结合现代科技手段为口译技能维度复合性设计提供新的方法和思路是未来研究的重要方向之一。例如，利用人工智能技术和大数据分析方法来研究口译技能维度之间的相互作用关系和影响因素，可以进一步提高研究结果的可靠性和准确性。

综上所述，口译技能维度复合性设计是一个具有重要理论和实际意义的研究领域。未来研究可以进一步深入探讨口译技能维度的定义和衡量方法、相互作用关系以及结合现代科技手段的创新方法等方面，为口译研究和应用提供更多的理论支撑和实践指导。

二、多模态语料库的构建与整合

（一）多模态语料库构建与整合的研究背景和意义

随着全球化、信息化、数字化的快速发展，人们之间的交流方式已经不再是单一的语言文字，而是包含了图像、音频、视频等多种模态的数据。这种多模态数据的交流方式在诸如社交媒体、在线学习、远程会议等领域中得到了广泛应用，也使得语言数据的获取、处理、分析变得更为复杂。因此，多模态语料库的构建与整合逐渐受到人们的关注。

多模态语料库的构建与整合具有重要的意义。首先，多模态语料库可以为语言研究提供更真实、更丰富的数据，有助于更深入地理解语言的结构和特点。传统的语言研究主要依赖于单一的语言文本，多模态语料库则包含了图像、音频、视频等多种模态的数据，可以更全面地反映出人们真实的交流方式，从而帮助我们更深入地理解语言的结构和特点。其次，多模态语料库可以为自然语言处理和多模态信息处理的研究提供更丰富的数据，促进这些领域的发展。多模态语料库不仅包含了多种模态的数据，还包含了各种不同的语言现象和信息，可以为自然语言处理和多模态信息处理的研究提供更全面的数据支持。此外，多模态语料库还可以为语言教育提供更真实、更实用的教材，提高语言教学质量。多模态语料库中的数据具有真实性和实用性的特点，可以为学生提供更为丰富的学习资源，从而帮助学生更好地掌握语言技能。

（二）多模态语料库构建与整合的理论基础

多模态语料库的构建与整合需要建立在对多种模态数据的理论基础之上。这些理论基础包括符号学、语篇分析、认知科学和计算机科学等。符号学可以帮助我们理解文本和图像的意义与表达方式，从而更好地对图像和文本进行分析和处理。语篇分析可以帮助我们理解多种模态数据之间的关联和互动，从而更好地揭示人们真实的交流方式。认知科学可以帮助我们理解人类的多模态认知机制，从而更好地设计多模态语料库的数据采集和处理方式。计算机科学则可以帮助我们实现多模态数据的采集、处理和存储，从而更好地实现多模态语料库的构建与整合。

（三）多模态语料库的构建

多模态语料库的构建需要经过多个步骤：首先，需要确定语料库的目标和范围，即收集哪些种类的数据、数据的数量以及数据的质量等问题。例如，需要考虑收集的数据来源、数据的语言种类、数据的模态类型等问题。其次，需要设计语料库的结构和功能，包括数据存储、数据管理、数据查询等方面的设计。例如，需要考虑数据的存储方式、数据的索引方式、数据的查询方式等问题。此外，还需要进行数据清洗和预处理工作，包括数据格式转换、噪声数据处理、文本分词等处理方式。例如，需要将图像转换为文本、将音频转换为文本、对文本进行分词等问题。

在多模态语料库的构建过程中，还需要注意以下几点：首先，需要保证多种模态数据的采集质量，尽可能地降低数据采集的误差和失真。其次，需要对多种模态数据进行标准化处理，包括数据格式的标准化、数据名称的标准化等，以便更好地进行数据的比对和处理。此外，还需要进行多模态数据的对齐和映射工作，即找出不同模态数据之间的对应关系，以便更好地整合多种模态数据。例如，需要将文本和图像对齐，以便更好地分析文本和图像之间的关联。

（四）多模态语料库的整合

多模态语料库的整合是将多种模态数据整合在一起的过程。这些不同模态的数据具有不同的特点和表达方式，因此需要在整合过程中进行相互转换和适应。例如，文本和图像可以采用 OCR（光学字符识别）技术进行转换和处理，音频和视频可以采用语音识别和音频分析技术进行转换和处理。这些技术的使用可以使得不同模态的数据能够相互转换和处理，从而更好地进行分析和处理。此外，多模态语料库的整合还需要进行数据的标注和处理。例如，可以采用机器学习和深度学习等技术对数据进行自动化标注或半自动化标注，这样可以提高数据处理的效率和精度。此外，还需要对数据进行过滤和处理，去除其中的噪声和无关信息，以避免对后续研究造成干扰和误导。这些标注和处理工作可以提高数据的质量和可靠性，从而更好地支持后续研究和应用。

（五）多模态语料库的应用前景

多模态语料库具有广泛的应用前景。首先，多模态语料库可以为语言研究提供更真实、更丰富的数据，有助于更深入地理解语言的结构和特点。传统的语言研究主要依赖于单一的语言文本，而多模态语料库则包含了图像、音频、视频等多种模态的数据，可以提供更全面、更真实的研究数据，从而帮助我们更深入地理解语言的结构和特点。其次，多模态语料库可以为自然语言处理和多模态信息处理的研究提供更丰富的数据，促进这些领域的发展。多模态语料库不仅包含了多种模态的数据，还包含了各种不同的语言现象和信息，可以为自然语言处理和多模态信息处理的研究提供更全面的数据支持，推动这些领域的发展。此外，多模态语料库还可以为语言教育提供更真实、更实用的教材，提高语言教学质量。多模态语料库中的数据具有真实性和实用性的特点，可以为学生提供更为丰富的学习资源，从而帮助学生更好地掌握语言技能。

　　此外，多模态语料库还可以应用于其他领域。例如，在智能客服领域，多模态语料库可以提供多种模态的数据支持，从而帮助客服人员更好地理解和解决客户的问题。在社交媒体分析领域，多模态语料库可以提供更全面的数据支持，从而帮助分析人员更好地了解社交媒体用户的兴趣和行为。在文化研究领域，多模态语料库可以提供更真实、更丰富的数据支持，从而帮助文化研究人员更好地了解文化的多样性和复杂性。

　　总之，多模态语料库的构建与整合具有重要的意义和应用前景。未来，我们可以进一步探索多模态语料库的构建方法和应用领域，为语言研究和自然语言处理等领域的发展提供更全面、更真实的数据支持。

三、口译技能维度互动机制的分析模型

（一）分析模型的定义和背景

　　口译技能维度互动机制的分析模型是一种针对口译过程本身所涉及的技能进行深入剖析的方法。它旨在揭示口译员在不同技能维度上的表现及其相互作用的机制，从而深化我们对口译过程的理解，提高口译员在特定情境下的口译能力。该模型不仅关注各个技能维度本身，更重视它们之间的相互作用，具有一定的理论价值和实践意义。

　　口译技能维度互动机制的分析模型是一种理论框架，用于研究和解释口译过程中不同技能维度之间的相互作用和相互影响。这种模型基于口译实践和相关研究，通过对口译员在口译过程中不同技能维度的表现进行分析，来探究口译技能维度之间的互动机制。它旨在提供一种框架，用于理解口译过程中的认知、语言、交际和心理等技能维度之间的复杂交互现象，从而为口译教学、培训和应用提供指导。

（二）分析模型的构建

　　构建口译技能维度互动机制的分析模型需要从以下几个方面展开。

　　1.明确口译技能的维度

　　首先，需要结合现有的文献研究和口译实践经验，明确口译技能的主要维度。这些维度可能包括语言技能、认知技能、交际技能、心理技能等。这些技能在口译过程中各自扮演着重要的角色，同时相互影响、相互作用。

　　2.剖析口译技能维度之间的互动关系

　　在确定了口译技能维度后，需要进一步分析这些技能维度之间的互动关系。例如，语言技能和认知技能之间的相互作用可能表现在对信息的理解和分析上；交际技能和心理技能之间的相互影响可能体现在口译员的沟通策略和心理状态的调整上。理解这些互动关系对于揭示口译过程的本质和提升口译员的口译质量具有重要意义。

3. 构建技能维度互动机制的分析模型

基于上述分析，可以构建一个口译技能维度互动机制的分析模型。该模型以各个技能维度及其之间的互动关系为主体框架，全面展示了口译过程中的动态机制。这个模型可以揭示不同技能维度之间的相互作用和相互影响，从而为理解和提高口译员的口译能力提供指导。

（三）分析模型的验证和应用

为了验证该模型的可行性和应用价值，需要进行实证研究，具体可以采取以下两种方式。

（1）通过观察和评估不同口译员的口译表现，收集他们在不同情境下的口译数据，对分析模型进行验证。可以采用定量研究和定性研究相结合的方法，利用统计分析等手段探究不同技能维度之间的互动关系是否符合模型预期。

（2）在口译教学和培训中应用该模型，指导口译专业学生提升技能水平。教师可以根据模型中不同技能维度的特点和互动机制，制定有针对性的教学方案和培训计划，帮助学生更好地掌握各项口译技能并提升综合运用能力。

（四）分析模型的局限性和展望

虽然上述分析模型具有一定的创新性和实用价值，但是也存在一定的局限性。例如，该模型主要关注的是口译 技能维度之间的直接互动关系，而忽略了口译过程中其他可能影响互动机制的因素，如语境、文化背景等。未来的研究可以进一步拓展该模型的适用范围，将更多相关因素纳入考虑范围，从而更全面、更深入地揭示口译过程的本质和规律。同时可以结合先进的计算技术和人工智能方法，实现模型的量化分析和应用优化，为口译教学、培训和实践提供更加精准、有效的指导。例如，可以利用机器学习和自然语言处理技术对大规模语料库进行分析和学习，以发现更多有用的信息和规律；可以利用深度学习技术构建更加复杂的神经网络模型，以更好地模拟人脑的认知和决策过程；可以利用虚拟现实和增强现实技术为口译教学和培训提供更加真实和生动的学习体验等。

第三节　多模态语料库口译研究的主题分析

一、口译技能维度的主题分类和定义

口译技能维度，亦可称之为"口译能力要素"或"口译素质"，是口译实践中极为关键的要素，决定着口译员在翻译过程中能否有出色的表现，以及能否确保口译质量的提高。在口译的实践中，一些常见的技能维度主要包括听、说、读、写、译五个方面。这些技能维度的有效运用，可以帮助口译员更好地理解和传递信息，实现有效沟通。

1. 语言技能：语言技能是口译技能维度中最基础的部分，包括源语言和目标语言的听、说、读、写等技能。一个好的口译员需要有扎实的语言基础，这样才能准确、迅速地理解并表达原语的意思。语言技能的运用需要建立在词汇、语法和语用知识的基础之上，还需要具备较高的口头和书面表达能力。

在口译实践中，语言技能的重要性不容忽视。口译员需要能够准确地理解发言人的意思，也要能够用目标语言清晰、准确地表达出来。此外，良好的语言技能还能够帮助口译员更好地融入目标文化，理解文化背景和语境，从而更好地完成口译任务。

2. 认知技能：认知技能主要涉及认知心理学和神经科学等领域，包括记忆、理解、分析、归纳等认知能力。口译员需要在短时间内记住并理解源语言的信息，然后将其迅速转换为目标语言。因此，良好的认知技能对于口译员来说至关重要。

在口译实践中，认知技能可以帮助口译员更好地处理信息，快速理解和分析发言人的意思。同时，良好的认知技能还可以帮助口译员更好地记忆信息，从而更好地完成口译任务。此外，归纳和总结能力也是认知技能中的重要方面，这可以帮助口译员更好地将源语言的信息转换为目标语言。

3. 交际技能：交际技能是口译技能维度中极为重要的部分，包括沟通、协调、互动等技能。口译员作为沟通的桥梁，需要有良好的交际技能，才能确保信息的准确传递，并帮助双方进行有效沟通。

在口译实践中，交际技能可以帮助口译员更好地了解发言人和听众的需求与背景，同时也可以帮助口译员更好地协调与各方面的关系。此外，良好的交际技能还可以帮助口译员更好地应对突发情况，如发言人突然中断发言或听众对口译员的翻译提出疑问等。

4. 心理技能：心理技能是口译技能维度中容易被忽视的部分，包括压力管理、情绪控制、心态调整等。口译员需要在压力下保持冷静，快速做出判断和反应，因此需要有较强的心理素质。

在口译实践中，心理技能可以帮助口译员更好地应对压力和挑战，保持冷静和专注。同时，良好的心理技能还可以帮助口译员更好地调整心态，从而更好地应对口译任务中的挫折和失败。此外，心理技能的运用还可以帮助口译员更好地提高自己的情绪管理能力，从而更好地完成口译任务。

二、口译过程中多模态信息的主题分布

口译是一种涉及多个维度信息处理的复杂活动，这些信息不仅包括语言信息，也包括非语言信息，如视觉、听觉和情感等。这些模态的信息在口译过程中都扮演着重要的角色，其分布和作用方式也各有特色。以下将对每个模态信息的主题分布进行详细的论述。

（一）语言模态

语言模态是口译过程中最基本的模态，也是口译员主要的工作对象。语言模态的信息主要涉及词汇、语法、语用等方面。口译员需要通过理解发言人的口音、语速、语调等语言特征以及上下文信息，来准确判断其意图和信息内容。同时，口译员还需要根据目标语言的特点和接受者的背景进行适当的翻译和表达。

在口译过程中，语言模态的主题主要分布在以下几个方面。

1. 词汇和语法：词汇和语法是语言的基石，口译员需要具备扎实的词汇和语法基础，这样才能准确、迅速地理解并表达源语言的意思。这包括对词汇的理解、词汇的搭配、句法的运用等。

2. 语用：语用是指语言在特定语境下的使用规则和含义。口译员需要根据语境进行语言的运用和调整，包括对礼貌用语、委婉语、隐含意义等的理解和运用。

3. 口头和书面表达：口译员需要具备优秀的口头和书面表达能力，以便清晰、准确地传达信息。这包括口语表达的流畅度、清晰度以及书面表达的规范性、准确性等。

（二）视觉模态

视觉模态在口译过程中也起着重要作用。视觉信息包括面部表情、眼神交流、肢体动作等，这些都会影响口译的进程和效果。视觉模态的主题主要涉及以下两个方面：

1. 非语言信号：视觉模态中包含了许多非语言信号，如肢体动作、面部表情等。这些信号可以帮助口译员更好地理解发言人的情感状态和意图以及其所在的语境。这些非语言信号往往可以提供额外的信息，帮助口译员更好地理解源语言的意思。

2. 语境理解：视觉模态中的信息可以帮助口译员更好地理解语境，从而更好地进行翻译。例如，通过观察发言人的肢体动作和面部表情，口译员可以更好地理解其情感状态和意图，从而更好地翻译其话语。

（三）听觉模态

听觉模态是口译过程中的另一个重要部分。听觉信息包括音调、音量、语速等，

这些都会影响口译的效果。听觉模态的主题主要涉及以下几个方面：

1. 语音特征：口译员需要准确地感知发言人的语音特征，如音调、音量、速度等，以更好地理解发言人的意图和情感。这需要口译员具备敏锐的听觉辨别能力，以及对语音特征的认知和理解能力。

2. 环境声音：听觉模态还包括对环境声音的感知，如背景音乐、人群噪声等，这些声音有可能干扰口译的进程。因此，口译员需要有较高的抗干扰能力，以排除环境、声音的干扰，专注于翻译工作。

（四）情感模态

情感模态主要涉及口译员和发言人的情感状态和情绪反应。情感模态的主题主要涉及以下几个方面：

1. 情感认知：口译员需要准确地感知发言人的情感状态，以便更好地理解发言人的意图和情感。这需要口译员具备一定的情感认知能力以及对情感表达方式的认知和理解能力。

2. 情绪控制：情感模态也包括对自己的情绪控制，口译员需要在紧张和压力下保持冷静，以便更好地完成口译任务。这需要口译员具备一定的情绪管理能力，以及自我调节能力，以保持最佳的心理状态，提高翻译质量。

综上所述，口译过程中的多模态信息具有复杂的主题分布。语言模态是口译的基础，视觉模态和听觉模态则为口译提供了丰富的语境信息；而情感模态则反映了口译过程中人际互动的特点。深入理解这些多模态信息在口译过程中的作用和影响并掌握相应的处理技巧，将有助于我们提高口译的质量和效率。

三、口译技能维度互动的主题模式和特征

口译是一种涉及多个技能维度的复杂活动，这些技能维度包括语言、认知、交际和心理等方面。这些技能维度之间的互动形成了口译过程的主题模式和特征，下面将分别论述。

（一）语言维度互动的主题模式和特征

语言维度是口译过程中的核心技能维度，其互动的主题模式和特征如下：

1. 源语言与目标语言转换：口译员需要在源语言和目标语言之间进行快速、准确的转换。这种转换不仅涉及语言的口头和书面表达，还涉及语法、词汇、语用等方面的转换。口译员需要具备良好的语言知识和语言运用能力，以便在口译过程中进行准确、流畅的翻译。

2. 语言协调：口译员需要协调源语言和目标语言之间的差异，以使听者和读者能够理解和接受。这种协调需要口译员具备扎实的语言知识和良好的语言运用能力，并能够根据不同的语境进行适当的调整。

3. 语言分析：口译员需要对源语言进行深入的分析，包括语法结构、词汇含义、语用环境等，以理解发言人的意图和信息。这种分析需要口译员具备良好的语言知识和文化背景知识，以便更好地理解发言人的意思并准确地进行翻译。

（二）认知维度互动的主题模式和特征

认知维度是口译过程中不可或缺的技能维度，其互动的主题模式和特征如下：

1. 信息处理：口译员需要对源语言信息进行快速、准确的处理，包括理解、分析、归纳等认知过程，以便进行有效的翻译。这种处理需要口译员具备敏锐的听觉和视觉感知能力以及快速的信息处理能力，以便在有限的时间内进行准确的翻译。

2. 信息记忆：口译员需要将源语言的信息进行记忆，并在翻译过程中将其再现为目标语言信息。这种需要良好的记忆力和注意力，以及快速的信息编码和解码能力。

3. 信息协调：口译员需要协调不同认知维度之间的信息，包括语言信息与非语言信息、听觉信息与视觉信息等，以使翻译更加准确、完整。这种协调需要口译员具备敏锐的感官和认知能力以及高超的信息整合能力。

（三）交际维度互动的主题模式和特征

交际维度是口译过程中的重要技能维度，其互动的主题模式和特征如下：

1. 互动交流：口译员需要与发言人、听众进行有效的互动和交流。这种互动需要口译员具备良好的沟通技巧、协调能力和情感智商，以便在翻译过程中准确传递信息并保持良好的人际关系。

2. 文化差异协调：口译员需要协调不同文化之间的差异，以使翻译更加准确、得体。这种协调需要口译员具备跨文化交际能力和文化敏感性，以便更好地理解发言人的文化背景并将之准确地翻译成目标语言。

3. 情感沟通：口译员需要理解发言人和听众的情感与意图，并通过情感沟通来达到有效的交流。这种沟通需要口译员具备情感认知和情感表达能力以及高超的人际交往技巧。

（四）心理维度互动的主题模式和特征

心理维度是口译过程中的关键技能维度，其互动的主题模式和特征如下：

1. 压力管理：口译员需要在压力下保持冷静，并快速作出判断和反应。这种压力管理需要口译员具备良好的心理素质和抗压力能力，以及高超的问题解决技巧。

2. 情绪调节：口译员需要调节自己的情绪，以保持专注和清晰的思维。这种情绪调节需要口译员具备自我意识和自我控制能力以及高度的情绪稳定性。

3. 心态调整：口译员需要根据不同的情境和任务进行心态的调整，以保持最佳的状态和效果。这种心态调整需要口译员具备自我认知和自我激励能力以及积极的心态塑造技巧。

综上所述，口译技能维度的互动形成了口译过程的主题模式和特征。各个技能维度之间的互动相互影响、相互促进，形成了口译过程的有机整体。深入理解这些技能维度之间的互动关系，将有助于我们更好地掌握口译技能和提高口译质量。

第四节　多模态语料库口译多类型统计方法的综合应用

一、统计方法的选择和应用

在口译研究领域，统计方法的选择和应用对于多模态语料库的口译研究具有重要的意义。统计方法可以对多模态语料库中的数据进行有效的处理和分析，从而为口译研究提供更为准确和可靠的结果。

在多模态语料库口译多类型统计方法的应用过程中，我们需要根据研究问题和数据的特征选择合适的统计方法。一些常用的描述性统计方法包括平均值、标准差、相关性分析等，可以用于描述数据的分布和变量之间的关系。另外，一些复杂的统计模型，如决策树、支持向量机、随机森林和神经网络等深度学习方法也可以应用于口译研究。

例如，在描述多模态语料库中口译员翻译策略时，可以使用描述性统计方法分析口译员在不同情况下的翻译频率、翻译时长和重复率等指标。同时，也可以使用聚类分析，将不同口译员的翻译策略进行分类，并使用决策树分类算法建立模型，对口译员的翻译策略进行预测和分析。另外，深度学习算法也可以应用于口译研究中，可以从大量数据中自动提取特征并建立模型进行预测和分析。

总之，在多模态语料库口译多类型统计方法的应用中，我们需要根据具体的研究问题和数据的特征选择合适的统计方法，并对数据进行有效的处理和分析，从而为口译研究提供准确可靠的结果。

二、统计方法的应用范围和优势

多模态语料库口译多类型统计方法在口译研究的多个领域中得到了广泛的应用，包括口译过程研究、口译质量评估、口译教学和口译人才培养等多个方面。

在口译过程研究中，统计方法可以帮助研究者深入了解口译员的翻译策略、难点和规律等方面的情况，从而为口译教学和口译人才培养提供有益的参考。例如，通过分析多模态语料库中的数据，我们可以发现口译员在不同情况下的翻译策略和特点，进而总结出经验教训，为口译教学提供指导。

在口译质量评估方面，统计方法可以为研究者提供全面、准确和客观的评估结果。传统的评估方式通常依赖于人工评价，这种方式不仅耗时耗力，而且容易受到主观因素的影响。通过使用统计方法，我们可以建立数学模型，对口译员的翻译质量进行自动化评估。例如，通过决策树分类模型，可以精确地预测口译员在不同情况下的翻译质量水平，从而为口译员的培训和提高提供有益的参考。

在口译教学方面，统计方法可以为教师和学生提供有益的教学资源与方法。例如，利用深度学习算法对多模态语料库中的数据进行自动化分析可以帮助学生更快地掌握翻译技能；同时，教师也可以根据分析结果及时调整教学策略，提高教学效果。

在口译人才培养方面，统计方法可以为人才培养计划和实施提供数据支持。通过分析多模态语料库中的数据，我们可以了解口译领域的市场需求和发展趋势，进而制定更为精准的培养计划和目标。

综上所述，多模态语料库口译多类型统计方法在口译领域具有广泛的应用范围和优势。通过综合应用各种统计方法，我们可以深入了解口译过程、评估口译质量、优化口译教学和精准制订口译人才培养计划等。这些不仅有利于提高口译领域的研究水平和实践效果，还有利于推动口译领域的发展和创新。

三、数据处理和分析流程

在多模态语料库口译多类型统计方法的应用中，数据处理和分析的流程是至关重要的环节，它不仅直接影响到数据分析的准确性和可靠性，更是实现口译研究目标的关键步骤。以下我们将详细介绍一种数据处理和分析的流程，包括数据收集、数据预处理、统计分析和结果呈现。

（一）数据收集

首先，需要明确研究问题和研究目标，确定需要收集的数据类型和来源。口译研究中的数据通常包括口译员的翻译输出、相关视频和音频数据、相关文本资料等。在明确数据类型后，需要设计和实施有效的数据收集策略，确保数据的多样性、代表性和质量。例如，可以通过网络搜索、专业数据库查询、实地调研等方式收集数据。在收集数据时，还需要注意数据的真实性和可靠性以及数据的伦理和隐私保护。

（二）数据预处理

收集到的数据通常需要进行预处理，以确保数据的准确性和一致性。预处理步骤为清理数据、对齐多模态数据（如文本、音频、视频等）、去除噪声（如标点符号、停顿、冗余话语等）、转录（如有声文字或字幕）、分词、词性标注和实体识别等。这些步骤可以提高数据的精度和可用性，为后续的统计分析打下基础。

（三）统计分析

在数据预处理之后，我们需要开始进行统计分析。根据研究目标和问题选择合适的统计方法，如描述性统计、聚类分析、决策树分类或深度学习等。描述性统计方法可以描述数据的集中趋势、离散程度和分布形态等。决策树分类可以建立一个树形结构，用于对数据进行分类预测和分类分析。深度学习可以通过学习大量的数据来提取特征，从而实现更加准确的口译结果。利用这些统计方法对数据进行深入分析，可以帮助研究者了解口译过程和结果中的规律和特征，从而提取有用的信息和知识。

（四）结果呈现

在完成以上步骤后，我们需要将统计分析的结果进行整理和呈现。结果可能包括图表（如柱状图、折线图、饼图等）、表格、文本摘要或研究报告等。呈现结果时，需要注意清晰、准确地传达信息，并针对研究目标和问题做出合理的解释与分析。例如，可以通过表格或图表展示口译员在不同情况下的翻译频率、翻译时长和重复率等指标的统计结果，也可以对口译员的翻译策略和特点进行总结与分析。最终的研究报告应该结构清晰、逻辑严谨、语言简练，以方便读者理解和应用。

综上所述，数据处理和分析流程是多模态语料库口译多类型统计方法应用的重要组成部分。通过明确研究问题、收集可靠数据、进行数据预处理和统计分析以及清晰呈现结果，可以确保数据的准确性、一致性和可靠性，从而为口译研究提供更可靠的结果。同时，这一流程也有助于提高口译研究的科学性和客观性，推动口译的进一步发展。

四、综合应用实例和效果分析

在本节中，我们将通过一个具体的实例来说明多模态语料库口译多类型统计方法在口译研究中的综合应用，并对其效果进行分析。

实例：分析口译员在不同类型的讲话者话语节奏下的翻译策略。

（一）研究问题和数据收集

本研究旨在探讨口译员在不同类型的讲话者话语节奏下的翻译策略。为此，我们收集了一个包含多种话语节奏的口译语料库。我们首先确定了研究的问题，包括口译员的翻译频率、翻译时长和重复率等指标是否会受到讲话者话语节奏的影响？口译员的翻译策略是否会根据讲话者话语节奏的不同而有所改变？为了回答这些问题，我们通过多模态语料库收集了大量的口译视频数据，并对这些数据进行了精细的标注。

（二）数据预处理

在收集到数据后，我们进行了一系列的数据预处理工作。首先，我们对每个口译视频进行了逐帧分析，对讲话者和口译员的话语节奏进行了精确的测量和标注。这包括他们的语速、音量、音调以及其他可能的表达方式。此外，我们还对口译员的翻译输出进行了分词、词性标注和实体识别等处理，以便进行后续的统计和分析。

（三）统计分析

在数据预处理之后，我们采用了多种统计方法对数据进行分析。首先，我们使用描述性统计方法对口译员的翻译频率、翻译时长和重复率等指标进行了详细的描述和分析。我们观察到，当讲话者的话语节奏较慢时，口译员的翻译频率和翻译时长会有所增加；而当讲话者的话语节奏加快时，口译员的翻译频率和翻译时长则会有所减少。这表明口译员在处理较快的话语节奏时可能会感到压力，因此他们会选择减少翻译频率和时长，以避免错误。

接下来，我们使用了聚类分析将讲话者的话语节奏数据分为不同的簇，并分析了口译员的翻译策略与讲话者话语节奏之间的关系。结果发现，当讲话者的话语节奏较慢时，口译员的翻译策略更倾向于使用直译；而当讲话者的话语节奏加快时，口译员的翻译策略则更倾向于使用意译。这可能是因为直译可以更准确、更直接地传达讲话者的意思，而意译则可以在时间压力下提供更多的解释和背景信息。

最后，我们使用决策树分类模型对口译员的翻译质量进行预测和分析。我们发现，如果讲话者的话语节奏较慢，口译员的翻译质量会相对较高；而如果讲话者的话语节奏加快，口译员的翻译质量可能会有所降低。这可能是因为较慢的话语节奏为口译员提供了更多的时间来理解、翻译和表达信息，而较快的话语节奏则给口译员带来了更大的时间压力，可能导致翻译质量的下降。

（四）结果呈现与效果分析

通过上述统计分析，我们得到了以下结果：口译员的翻译频率和翻译时长在不同类型的讲话者话语节奏下表现出明显的差异，口译员的重复率在不同类型的讲话者话语节奏下也有所不同，口译员的翻译质量与讲话者的话语节奏之间存在一定的关系。这些结果说明，多模态语料库口译多类型统计方法在口译研究中的综合应用是有效的，它可以帮助研究者深入了解口译过程和结果中的规律与特征。

通过对实例的分析，我们可以看到多模态语料库口译多类型统计方法在口译研究中的综合应用效果。这种方法不仅可以揭示口译过程中的一些隐性规律和特征，还可以为口译教学、培训和评估提供有益的参考。例如，我们的研究结果可以为口译教学提供真实的案例和数据支持，帮助教师更好地理解学生在面对不同话语节奏的讲话者时的表现，以便更好地设计和改进教学策略与方法。此外，我们的研究结果还可以为口译培训提供有价值的反馈和建议，帮助培训机构更好地了解受训者在面对不同话语节奏的讲话者时的表现和能力，以便更好地设计和实施培训计划与方案。因此，多模态语料库口译多类型统计方法在口译领域的研究和应用中具有重要的价值和潜力。

第五节　多模态语料库口译研究的客观评价

一、研究结果的客观性和可靠性

在多模态语料库口译研究领域，结果的客观性和可靠性是评估研究质量的关键因素。以下将探讨这两个方面的一些关键问题以及相应的评估方法。

（一）数据收集的客观性和可靠性

在进行多模态语料库口译研究时，数据收集的客观性和可靠性是至关重要的。首先，需要明确数据收集的目标和过程，以确保数据的准确性和一致性。其次，应该采用随机抽样或全面收集等方法来获取数据，以确保数据的代表性和多样性。最后需要对数据进行清理和预处理，以排除异常值或噪声数据对研究结果的影响。例如，可以对数据进行转录、分词、词性标注和实体识别等处理，以便后续的统计和分析。

为了评估数据收集的客观性和可靠性，可以采取以下措施：首先，需要明确数据收集的标准和流程，并对数据进行详细的描述和说明。其次，应该对数据的多样性、代表性和质量进行评估，以确定数据是否符合研究需求。此外，需要对数据进行清理和预处理，以排除异常值或噪声数据对研究结果的影响。最后，应该对数据的来源和可靠性进行评估，以确保数据的真实性和准确性。

（二）统计方法的客观性和可靠性

在多模态语料库口译研究中，统计方法的选择和应用也会直接影响到研究结果的可靠性。描述性统计、聚类分析、决策树分类和深度学习等方法是常用的多模态数据分析方法。每种方法都有其特定的适用范围和限制，研究者需要根据具体的研究问题和数据特征来选择合适的方法。此外，还需要确定合适的参数设置和模型训练以获得可靠的结果。

为了评估统计方法的客观性和可靠性，可以采取以下措施：首先，需要详细地了解每种统计方法的应用范围和限制，并根据具体的研究问题和数据特征来选择合适的方法。其次，需要对统计结果进行详细的解释和分析，以确保结果的客观性和可靠性。然后，需要进行独立的验证和重复实验，以排除偶然因素或误差对结果的影响。最后，需要比较不同统计方法的结果，以确定哪种方法更适用于特定的数据和问题。

（三）研究结果的客观性和可靠性

研究结果的客观性和可靠性是多模态语料库口译研究的核心目标。为了确保研究结果的可靠性，研究者需要对研究过程进行详细的记录和说明，包括数据收集、预处理和统计分析等步骤。此外，还需要对研究结果进行独立的验证和重复实验，以排除偶然因素或误差对结果的影响。同时，需要将研究结果与其他相关研究进行比较和分析，以确定结果的可信度和推广性。

为了评估研究结果的客观性和可靠性，可以采取以下措施：首先，需要详细了解整个研究过程，包括数据收集、预处理和统计分析等步骤。其次，需要对研究结果进行独立的验证和重复实验，以排除偶然因素或误差对结果的影响。再次，需要比较和分析研究结果与其他相关研究的结果，以确定结果的可信度和推广性。最后，需要对结果的解释和应用进行评估，以确保结果能够为口译实践和研究提供有价值的参考。

二、研究方法的创新性和实用性

在多模态语料库口译研究领域，研究方法的创新性和实用性是评估研究质量的重要因素。以下将探讨这两个方面的一些关键问题以及相应的评估方法。

（一）数据处理方法的创新性和实用性

在多模态语料库口译研究中，数据处理过程是至关重要的环节，包括数据的收集、转录、标注等步骤。传统的数据处理方法通常采用手工或简单的自动化工具进行处理，但是这种方法不仅耗时，而且可能会产生人为的误差。近年来，随着计算机技术和自然语言处理技术的不断发展，越来越多的创新数据处理方法被应用于多模态语料库口译研究，例如利用深度学习模型进行自动转录和标注，以及利用自然语言处理技术进行文本分析和语音分析等。

为了评估数据处理方法的创新性和实用性，我们可以从以下几个方面进行考虑：首先，需要了解数据处理方法的研究背景和目的，以及其在口译研究中的应用情况。其次，应该评估数据处理方法的精度和可靠性，以确定其是否能够满足研究的需要。例如，使用深度学习模型进行自动转录和标注时，需要考虑模型的训练数据是否充足，模型的性能是否稳定可靠等因素。再次，需要考虑数据处理方法的可扩展性和可维护性，以确保其能够在实际应用中得到广泛应用和持续更新。例如，利用自然语言处理技术进行文本分析和语音分析时，需要考虑算法的优化和更新，以及如何应对不同的应用场景和需求。

（二）统计方法的创新性和实用性

在多模态语料库口译研究中，传统统计方法已经不能满足复杂多变的研究需求。近年来，随着机器学习和深度学习等新型统计方法的不断发展，这些方法可以从大量数据中提取有效特征，并自动发现规律和趋势，具有较高的灵活性和自适应性。

为了评估统计方法的创新性和实用性，我们可以从以下几个方面进行考虑：首先，需要详细了解每种统计方法的研究背景和应用范围，以及其在口译研究中的优劣。例如，使用决策树分类模型进行口译质量评估时，需要考虑模型的训练数据是否充足，模型的性能是否稳定可靠等因素。其次，需要考虑新型统计方法的可解释性和可维护性，以确保其能够在实际应用中得到广泛应用和持续改进。例如，使用深度学习模型进行口译质量评估时，需要考虑模型的内部机制是否透明，模型的参数是否易于调整等因素。

（三）研究设计的创新性和实用性

在多模态语料库口译研究中，研究设计是影响研究结果的重要因素。传统的研究设计往往只关注某一方面的研究问题，而忽略了其他相关因素，创新性的研究设计则可以从多角度、多层次对口译现象进行全面深入的分析。

为了评估研究设计的创新性和实用性，我们可以从以下几个方面进行考虑：首先，需要详细了解每种研究设计的研究背景和应用范围，以及其在口译研究中的实际效果。例如，使用问卷调查或实验法进行口译研究时，需要考虑这些方法是否能够准确地衡量口译员的认知和行为等方面的问题。其次，应该将创新性研究设计与传统研究设计进行比较，以评估其优势和不足。例如，使用眼动跟踪技术进行口译研究时，可以探讨口译员的眼神运动和认知加工之间的关系等问题。最后，需要考虑创新性研究设计的可操作性和可持续性，以确保其能够在实际应用中得到广泛应用和持续改进。例如，使用虚拟现实技术进行口译训练和评估时，需要考虑该技术的实际应用效果和可扩展性等因素。

综上所述，在多模态语料库口译研究中，研究方法的创新性和实用性是评估研究质量的重要因素，研究者需要通过科学的数据处理方法、合理的统计分析和可重复的研究设计来保证研究的可靠性、实用性和创新性；同时需要考虑这些方法在实际应用中的可操作性和可持续性等因素，这将有助于推动多模态语料库口译研究的进一步发展。

三、对未来研究的建议和展望

多模态语料库口译研究是一个新兴的跨学科研究领域，涵盖了语言学、翻译学、计算机科学和认知科学等多个领域。虽然该领域已经取得了一定的研究成果，但仍存在许多值得进一步探讨的问题和挑战。以下是对未来研究的建议和展望。

（一）拓展多模态语料库口译研究的广度和深度

当前，多模态语料库口译研究主要集中于特定语种和特定领域的研究，如英语、中文等以及医学、法律等专业领域。未来研究可以进一步拓展研究的语种和领域，探究不同语言和文化背景下的口译行为与认知模式的异同。例如，可以探究不同语种间的口译策略、口译员的认知过程以及口译质量评估标准等问题。此外，还可以进一步深化对口译过程中多模态信息的作用和对口译员的认知加工机制的研究，以更全面深入地理解口译过程。例如，可以探究多模态信息（如语音、语调、面部表情等）在口译过程中的作用以及口译员如何整合这些信息进行认知加工。

（二）加强多模态语料库口译研究的可靠性和可重复性

在多模态语料库口译研究中，结果的可靠性和可重复性是评估研究质量的关键因素。当前，一些研究采用了实验和统计分析等方法来提高研究的可靠性和可重复性，但仍有一些研究采用了较为简单的方法和技术，导致结果的可靠性和可重复性较低。未来研究可以进一步加强对研究方法的探索和创新，以提高研究的可靠性和可重复性。例如，可以引入更为先进的机器学习和深度学习技术对多模态数据进行处理和分析，或者开发更为精细的实验范式和评估指标来衡量口译员的认知加工过程和口译质量。

此外，还可以开展独立验证和重复实验等研究，以进一步验证研究结果的可靠性和可重复性。例如，可以开展独立的实验或调查来验证已有研究结果的可靠性，或者重复实施已有的实验来验证结果的稳定性和可重复性。

（三）促进多模态语料库口译研究的理论和应用相结合

多模态语料库口译研究不仅需要关注理论探讨，也需要关注实际应用。未来研究可以进一步促进理论与应用的结合，例如将研究成果应用于口译教学、口译实践和机器翻译等领域。例如，可以将研究成果应用于口译教学和培训中，以提高口译员的技能水平和认知能力；也可以将研究结果应用于机器翻译系统，以提高翻译的准确度和流畅度。此外，还需要在实践中不断检验和完善理论研究。例如，可以通过实践应用来验证理论模型的可行性和有效性，或者通过实践应用中发现的问题来推动理论创新和发展。

（四）加强多模态语料库口译研究的国际合作与交流

多模态语料库口译研究是一个国际性的研究领域，需要加强国际合作与交流。其未来研究可以进一步推动国际合作，例如开展跨国合作项目、共同发表研究成果等。例如，可以与国外知名高校和研究机构建立合作关系，共同开展跨国合作项目或联合发表研究成果；也可以积极参加国际会议和研讨会等活动，以促进学术交流和合作。同时可以举办国际会议和研讨会等活动，以促进学术交流和合作。例如，可以定期举办国际多模态语料库口译研讨会等活动，邀请国内外专家学者共同探讨多模态语料库口译领域的最新研究成果和发展趋势。

总之，多模态语料库口译研究具有广阔的发展前景，未来研究需要不断拓展研究的广度和深度，加强研究的可靠性和可重复性，促进理论与应用的结合，加强国际合作与交流，以推动多模态语料库口译研究的进一步发展，为口译实践和认知科学等领域提供更多有价值的研究成果。

第十章　教育与培训

第一节　口译培训的需求与挑战

一、口译培训的市场需求

口译培训的市场需求通常受到多种因素的影响，包括地域、行业、经济和政治等方面。在一些大城市或经济发达地区，对外交流和国际合作的机会较多，因此对口译员的需求较为旺盛。

此外，一些特定行业或领域对口译员的需求也较高，例如外贸、金融、法律、科技等。这些领域需要口译员具备专业知识背景和语言技能，以确保国际交流和合作的顺利进行。

在一些小城市或欠发达地区，由于对外交流较少，对口译员的需求也相对较少。不过，随着全球化和经济发展的不断深入，这些地区对口译员的需求也可能逐渐增加。

总体来说，口译培训的市场需求呈现出不断增长的趋势。随着全球化的加速和国际交流的增多，越来越多的企业和机构需要口译员来支持他们的业务和发展。同时，随着技术的不断进步和应用，口译培训的方式和手段也在不断改进，为更多的人提供了学习和提高口译技能的机会。

二、口译培训面临的挑战

口译培训面临的挑战主要有以下几个方面：

1. 语言技能的提高：口译员需要具备流利、准确的语言技能，包括听说读写的能力，然而，许多人在学习外语时存在一些困难，例如发音不准、词汇量不足或语法错误等。因此，口译培训需要针对这些问题提供有效的解决方案，帮助受训者克服困难，提高语言技能。

2. 专业知识的学习：口译员需要具备相关领域的专业知识，以便更好地理解和翻译相关内容，然而，不同领域的知识是复杂多样的，口译员需要花费大量时间和精力来学习。因此，口译培训需要提供专业知识的教育和支持，帮助受训者掌握相关领域的基本概念和术语。

3. 心理素质的培养：口译员需要具备良好的心理素质，包括快速反应、自信表达和灵活应变的能力，这些能力需要在实践中进行反复训练和调整。因此，口译培训需要提供相应的训练方法和手段，帮助受训者克服紧张、焦虑等心理问题，提高自信心和应对能力。

4. 口译员职业道德的修养：口译员作为跨文化交流的桥梁，需要具备高尚的职业道德和操守，遵守保密、公正、诚信等原则。因此，口译培训需要提供职业道德教育和实践机会，帮助学生提高职业素养和道德水平。

5. 适应技术进步：随着技术的不断进步，口译培训也需要不断地适应和创新。例如，随着人工智能和机器翻译技术的发展，口译培训可以借助这些技术提高翻译的准确性和效率。同时，需要关注到技术的使用并不能完全替代人的作用，人的因素在口译中仍然起着重要的作用，因此需要关注人的因素在口译培训中的重要性。

6. 满足不同需求：口译培训需要满足不同层次、不同领域的需求。例如，商务口译、会议口译、法庭口译等不同领域对口译员的要求是不同的。因此，口译培训需要根据不同的需求和场景提供有针对性的培训内容与方法，使得受训者能够更好地适应不同场景的口译工作。

7. 持续学习与发展：口译员需要不断学习和发展自己的技能。随着时代的变化和语言的变化，口译员需要不断更新自己的知识和技能。因此，口译培训不仅需要提供基础的培训内容，还需要帮助口译员建立持续学习和发展的意识与能力，培养终身学习的习惯。

总之，口译培训面临的需求和挑战是多方面的。为了提高培训的质量和效果，我们需要综合考虑语言技能、专业知识、心理素质、职业道德、技术进步和持续学习与发展等多个方面，为受训者提供全面、系统，有针对性的培训内容和支持。

第二节　顺句驱动视角的教育方法

一、顺句驱动在口译培训中的应用

在口译培训中，顺句驱动是一种非常实用的教育方法。它可以帮助口译员更好地理解和处理源语言的信息，提高翻译的效率和准确性。具体而言，顺句驱动在口译培训中的应用可以从以下几个方面进行阐述。

1. 理解原文信息

顺句驱动可以帮助口译员更好地理解原文信息。在口译过程中，口译员听到的信息是瞬间的、短暂的，需要在短时间内理解并记住这些信息。而顺句驱动可以帮助口译员将原文信息进行拆分和重组，使其更好地把握原文的逻辑和思路，理解原文信息的重点和要点，提高理解的速度和准确率。

2. 语言表达技巧

顺句驱动可以提高口译员的语言表达技巧。通过将原文信息进行拆分和重组，口译员可以更好地把握原文的逻辑和思路，按照目标语言的表达方式进行翻译。这样可以帮助口译员提高翻译的流畅度和准确性，更好地表达源语言的信息。

3. 信息处理能力

顺句驱动还可以帮助口译员提高信息处理能力。在口译过程中，口译员需要快速处理听到的信息，还需要将信息进行拆分、重组和翻译，顺句驱动可以帮助口译员更好地做到这一点。

二、顺句驱动与其他教育方法的结合

顺句驱动作为一种有效的教育方法，可以与其他教育方法相结合，更好地应用于口译培训中。

1. 案例分析法

案例分析法是一种非常实用的教育方法，可以帮助口译员更好地了解实际场景中的口译情况，提高其应对实际场景的能力。在案例分析中，可以引入顺句驱动的方法，帮助口译员更好地理解案例中的信息，把握信息的重点和要点，提高案例分析的效率和准确率。

2. 项目实践法

项目实践法是一种让口译员参与实际项目的教育方法，可以帮助口译员更好地了解实际工作中的口译情况，提高其应对实际工作的能力。在项目实践中，可以结合顺句驱动的方法，帮助口译员更好地理解项目中的信息，把握信息的重点和要点，提高翻译的效率和准确性。

3. 学习共同体法

学习共同体法是一种将学习者组成共同体，通过互相学习和交流，共同成长的教

育方法。在学习共同体中，培训者可以结合顺句驱动的方法，使成员之间互相学习、互相指导，共同成长。例如，可以组织成员进行顺句驱动的练习和分享，互相评价和反馈，共同提高口译能力和水平。

总之，顺句驱动在口译培训中有很大的应用价值。它可以帮助口译员更好地理解原文信息、提高语言表达技巧和信息处理能力，也可以与其他教育方法相结合，更好地应用于口译培训。在应用顺句驱动时，需要注意灵活运用该方法，结合实际情况进行适当的调整和改进，以达到更好的培训效果。

第三节　口译教育的未来展望

一、跨学科知识的融合

口译教育是一个不断发展和进步的领域，未来跨学科知识的融合是口译教育的重要趋势之一。具体而言，跨学科知识的融合可以从以下几个方面进行阐述。

1. 语言与技术的融合

随着技术的不断进步和应用，语言与技术的融合将会成为口译教育的一个重要趋势。例如，人工智能和机器翻译技术的发展将会为口译教育提供更好的技术支持和帮助，提高翻译的准确率和效率。同时，我们需要关注到技术的使用并不能完全替代人的作用，人的因素在口译中仍然起着重要的作用，因此需要关注人的因素在口译教育中的重要性。

2. 语言与文化的融合

语言是文化的重要组成部分，语言与文化的融合将会成为口译教育的另一个重要趋势。例如，口译员需要了解不同国家和地区的文化背景与特点，以便更好地理解和翻译相关信息。因此，口译教育需要提供跨文化交流的培训和支持，帮助受训者提高跨文化交流的能力和理解不同文化的意识。

3. 语言与经济的融合

语言与经济的融合也将成为口译教育的另一个重要趋势。随着全球化的加速和国际交流的增多，商务口译和会议口译等的需求量不断增加。因此，口译教育需要提供相关领域的专业知识培训和支持，帮助受训者了解相关领域的业务和术语，以便他们更好地适应不同领域的需求。

总之，跨学科知识的融合将会成为口译教育的重要趋势之一。未来口译教育需要注重跨学科知识的融合,将语言与其他学科知识相结合,提高口译员的综合素质和能力,使其以更好地适应未来的挑战和发展。

二、技术辅助的应用

技术辅助在口译教育中具有巨大的应用潜力。随着科技的进步,越来越多的技术工具和平台开始被应用于口译教育,以提升口译员的翻译效果、学习效率和工作效率。未来,技术辅助的应用在口译教育中将会扮演更为重要的角色,以下是一些可能的趋势。

1. 机器翻译技术的进一步发展

机器翻译技术近年来取得了显著的进步,但仍无法完全替代人工口译,然而,随着机器翻译技术的进一步发展,它将在口译教育中发挥越来越重要的作用。例如,机器翻译可以帮助口译员在翻译过程中自动生成初步的译文,减轻口译员的工作负担,并提高翻译的准确率和效率。

2. 人工智能在口译教育中的应用

人工智能可以提供个性化的学习路径和反馈机制,帮助口译员根据个人需求和水平进行有针对性的学习和训练。例如,人工智能可以通过智能评估和反馈,帮助口译员发现自己的不足之处并提供改进建议。此外,人工智能还可以模拟真实场景的口译情况,帮助口译员进行实战训练,提高应对实际工作的能力。

3. 在线学习和远程教育平台的普及

在线学习和远程教育平台可以为口译员提供更为灵活与便捷的学习方式。通过在线平台,口译员可以随时随地获取学习资源,并与其他学习者进行交流和分享。此外,远程教育还可以邀请行业专家进行在线授课和指导,使口译员能够获得更为丰富和实用的知识和技能。

总之,技术辅助在口译教育中的应用将会越来越广泛。通过技术辅助,口译员可以更加高效地进行学习和工作,提高自己的综合素质和能力,以更好地适应未来的挑战和发展。同时,口译教育也需要不断创新和进步,充分利用科技的力量,提升教育的质量和效果。

三、专业伦理与道德规范的培养

专业伦理与道德规范的培养是口译教育未来发展的重要方向之一。作为跨文化交流的桥梁,口译员在工作中不仅需要具备扎实的语言功底和专业知识,还需要具备高尚的职业道德和操守。

1. 增强专业知识和技能

专业知识和技能是口译员的核心竞争力，也是遵守专业伦理和道德规范的基础。未来，口译教育需要更加注重专业知识和技能的培养，包括语言技能、专业知识、跨文化交流能力等。同时，口译教育还需要强调受训者对口译理论和实践中出现的伦理和道德问题的认识与理解，培养其独立思考的能力和判断的能力。

2. 培养职业道德和操守

口译员作为跨文化交流的使者，需要具备高尚的职业道德和操守。未来，口译教育需要加强对学生职业道德和操守的培养，使其了解并遵守国际和国内的相关法规和行业标准。同时，口译教育还需要教育受训者尊重他人、保护客户机密，以及避免任何形式的利益冲突。

3. 强化实践教育

实践是培养专业伦理和道德规范的重要途径。未来，口译教育需要加强实践教育的比重，通过模拟场景、实战演练等方式，让受训者在实际工作中体验和遵守职业道德与规范。此外，口译教育还可以通过与行业内的专业机构和企业合作，为受训者提供实习和实践机会，让其在实际工作中进一步理解和遵守专业伦理与道德规范。

4. 结合素质教育

专业伦理和道德规范的培养不仅是口译教育的任务，也是整个素质教育的任务。未来，口译教育需要将专业伦理和道德规范的培养与素质教育相结合，注重学生的综合素质和人文素养的培养，培养其具备正确的价值观和人生态度。

总之，专业伦理与道德规范的培养是口译教育未来发展的重要方向之一。未来口译教育需要注重专业知识和技能的培养、职业道德和操守的培养、实践教育的强化与素质教育的结合，以培养出具备高尚职业道德和操守的口译人才，为推动全球跨文化交流做出更大的贡献。

参考文献

[1] 叶子南 . 口译理论与方法 [M]..北京：北京大学出版社，2008.

[2] 徐亚男 . 交替传译实践教程 [M].上海：上海外语教育出版社，2010.

[3] 钟述孔 . 实用口译手册 [M].北京：中国对外翻译出版公司，2011.

[4] 王燕 . 英语口译实务 [M].北京：外文出版社，2011.

[5] 赵军涛 . 实用英汉口译教程 [M].北京：中国人民大学出版社，2013.

[6] 鲍刚 . 口译理论概述 [M].北京：中国对外翻译出版公司，2014.

[7] 王晓燕 . 口译技能训练教程 [M].北京：中国出版集团有限公司，2015.

[8] 赵美娟 . 认知语言学视角下的口译研究 [M].北京：科学出版社，2016.

[9] 朱振国 . 口译导论与实践教程 [M].北京：外语教学与研究出版社，2017.

[10] 王宏印 . 翻译与跨文化交际 [M].北京：中国人民大学出版社，2017.

[11] 王腊梅 . 口译中的文化因素研究 [M].北京：北京大学出版社，2018.

[12] 赵英男 . 英语口译理论与实践技巧 [M].北京：中国人民大学出版社，2018.

[13] 王丹 . 交替传译中的认知与决策研究 [M].北京：外语教学与研究出版社，2019.

[14] 孙宁 . 口译认知心理学研究 [M].北京：科学出版社，2019.

[15] 王晓红 . 实用英语口译教程 [M].北京：中国人民大学出版社，2019.

[16] 庄陈月 . 口译语料库的建设与应用研究 [M].北京：科学出版社，2020.

[17] 王亚鹏 . 认知语言学视域下的口译研究 [M].北京：中国出版集团有限公司，2020.

[18] 韩德琳 . 口译中的语境与意义建构研究 [M].北京：中国出版集团有限公司，2021.

[19] 陈琳 . 英语口译理论与实践研究 [M].北京：中国人民大学出版社，2021.

[20] 郭建红 . 交替传译中的多任务处理研究 [M].北京：科学出版社，2021.

[21] 蔡小红 . 口译质量评估研究 [M]. 北京：中国对外翻译出版公司，2013.

[22] 庄起敏 . 翻译认知心理学 [M]. 上海：上海外语教育出版社，2017.

[23] 王斌 . 口译技能教程 [M]. 上海：上海外语教育出版社，2018.

[24] 梅德明 . 新编口译教程 [M]. 上海：上海外语教育出版社，2019.

[25] 王继雨 . 交替传译理论与实践 [M]. 北京：外语教学与研究出版社，2019.

[26] 王丹妮 . 口译研究方法论 [M]. 北京：外语教学与研究出版社，2020.

[27] 王恩冕 . 实用口译教程 [M]. 北京：北京大学出版社，2020.

[28] 王建国 . 翻译认知心理学的实证研究方法 [M]. 北京：科学出版社，2021.

[29] 赵硕 . 现代口译理论与实践 [M]. 北京：光明日报出版社，2018.